Ludwig Steinbrenner

Die Beteiligung der Arbeiter am Unternehmergewinn

ihre Vorzüge, Nachteile und Anwendbarkeit

Ludwig Steinbrenner

Die Beteiligung der Arbeiter am Unternehmergewinn
ihre Vorzüge, Nachteile und Anwendbarkeit

ISBN/EAN: 9783743624849

Hergestellt in Europa, USA, Kanada, Australien, Japan

Cover: Foto ©Suzi / pixelio.de

Weitere Bücher finden Sie auf **www.hansebooks.com**

Die Beteiligung der Arbeiter

am

Unternehmergewinn,

ihre Vorzüge, Nachteile und Anwendbarkeit.

———— ◆ ————

Inauguraldissertation,

zur Erlangung der Doktorwürde eingereicht einer Hohen philosophischen Fakultät der Universität Heidelberg

von

Ludwig Steinbrenner.

Heidelberg.
Carl Winter's Universitätsbuchhandlung.
1892.

Curriculum vitae.

Verfasser vorliegender Inauguraldissertation wurde geboren am 17. Mai 1869 in Ilvesheim, Amt Mannheim, als Sohn des damaligen Vorstandes der großherzoglichen Blindenanstalt, Reallehrers AUGUST STEINBRENNER. Nach Versetzung seines Vaters an das Gymnasium zu Heidelberg erhielt er von ersterem den vorbereitenden Unterricht, um dann vom Herbst 1878 bis Herbst 1887 das dortige Gymnasium zu besuchen. Nachdem er dasselbe absolviert, ließ er sich an der Ruprecht-Carls-Universität immatrikulieren und diente in den beiden ersten Semestern zu gleicher Zeit bei dem dortigen Bataillon sein Jahr ab. Er hörte nun vom ersten bis inkl. fünften Semester in Heidelberg, im sechsten in Berlin und im siebten bis inkl. neunten Semester wieder in Heidelberg Vorlesungen über die Fächer, welche als Vorbereitung für das Examen für den höheren Finanzdienst im Großherzogtum Baden vorgeschrieben sind, nämlich politische Ökonomie (allgemeine und spezielle Volkswirtschaftslehre sowie Finanzwissenschaft) bei Geh. Rat KNIES und Professor LESER in Heidelberg, sowie bei Professor WAGNER in Berlin, allgemeine Staatslehre und Politik bei Geh. Rat KNIES, Staatsrecht bei Geh. Hofrat MEYER, badisches Landrecht bei Professor BUHL, Institutionen bei Geh. Hofrat KARLOWA in Heidelberg, Handels-, See- und Wechselrecht bei Professor GOLDSCHMIDT in Berlin, Elementararithmetik und politische Arithmetik bei Professor CANTOR, Encyklopädie der Landwirtschaft bei Hofrat STENGEL, chemische Technologie bei Professor SCHMIDT in Heidelberg und

besuchte das staatswissenschaftliche Seminar bei Geh. Rat KNIES.
Am 20. Februar 1892 erlangte er den philosophischen Doktorgrad
der Universität Heidelberg, nachdem die hohe Fakultät vorliegende
Abhandlung als Inauguraldissertation zugelassen, und er das münd-
liche Examen in den Fächern: Politische Ökonomie, Staatsrecht,
allgemeine Staatslehre und Politik, bestanden hatte.

Inhaltsangabe.

Unter den mannigfachen Versuchen, die man in unserer von der sozialen Frage bewegten Zeit angestellt hat, um eine Besserung der Lage der arbeitenden Klassen herbeizuführen, nimmt der einer Beteiligung der Arbeiter am Unternehmergewinn einen hervorragenden Platz ein.

Der Gedanke, daß der Arbeiter durch den Lohn nicht vollständig für seine Mitwirkung an der Produktion entschädigt sei, sondern daß man ihn noch am Gewinn des Unternehmers partizipieren lassen müsse, hat zur Voraussetzung das Vorhandensein eines persönlich freien Arbeiters, der die Nutzung seiner Arbeitskraft auf Grund eines freien Arbeitsvertrages dem Arbeitgeber überläßt, zugleich aber zeitlebens in dem Verhältnis eines unselbständigen Lohnarbeiters verbleibt.

Fremd ist daher dieser Gedanke dem Altertum mit seiner Sklavenwirtschaft, unbekannt dem beginnenden Mittelalter mit Leibeigenschaft und Hörigkeit des grundherrlichen Handwerkers. Es befindet sich hier der Arbeiter eben noch nicht im Zustande persönlicher Freiheit, er ist vielmehr Sklave, Höriger, dem als solchem kein Anspruch auf irgend welche Vergütung seiner Thätigkeit zusteht. Was ihm sein Herr an Wohnung, Kleidung, Nahrung und dergleichen zukommen läßt, hat nicht den Charakter eines für die Arbeitsleistung gezahlten Preises, sondern nur den der Gewährung des notwendigen Lebensunterhaltes, wie sie erforderlich ist, um die Fortdauer der Arbeitsfähigkeit des Sklaven, Hörigen, überhaupt zu ermöglichen. Von einer Beteiligung am Geschäftsgewinn des Arbeitsherrn kann da natürlich noch keine Rede sein.

Aber auch in der nun folgenden Zeit des Zunftwesens, wo in den Gesellen ein persönlich freier Arbeiterstand uns entgegentritt, der nur gegen vertragsmäßiges Entgelt dem Meister die Nutzung seiner Arbeitskraft zur Verfügung stellt, wird nirgends eine derartige Forderung laut. Denn einmal ist das Gesellentum nur ein Durchgangsstadium, nur eine Vorschule und Vorstufe für die Meisterschaft. Durch Verlangen nach Gewinnbeteiligung würde also der Geselle das Einkommen, das er künftig einmal als Meister zu erhalten gedenkt, sich selbst verkürzen. Ferner aber ist ein Unternehmereinkommen im heutigen Sinne des Wortes noch gar nicht vorhanden. Denn die spezifischen Unternehmerthätigkeiten, als deren Vergütung der Unternehmergewinn sich darstellt, werden nicht von dem einzelnen Meister, vielmehr von der genossenschaftlichen Verbindung aller Meister, von der Zunft wahrgenommen, welche durch Einkauf des Materials und Fixierung des Gesellenlohns die Höhe der Produktionskosten festsetzt, durch Fixierung der Gesellenzahl, der Arbeitszeit, Verbot der Nacht-, der Feiertagsarbeit und dergl. den Produktionsumfang bestimmt, sowie durch Preistaxen und ähnliche Betriebsbeschränkungen auch die Art des Absatzes regelt, so daß dem einzelnen Meister außer seiner Beteiligung an der ausführenden Arbeit nur noch die Beaufsichtigung und technische Leitung des Betriebes zufällt, sein Einkommen daher auch lediglich als eine Vergütung für diese beiden letztgenannten Thätigkeiten, als Meisterlohn erscheint, der billigerweise sich nur etwas höher stellt wie der der Gesellen. Es existiert also noch gar kein eigentliches Unternehmereinkommen, mithin kann auch noch nicht eine Beteiligung der Arbeiter an einem solchen verlangt werden.

Erst in den beiden letzten Jahrhunderten mit Entstehung der Großindustrie und des Fabrikwesens, sowie mit allgemeiner Verbreitung der arbeitersparenden Maschinen, bildet sich ein besonderer Stand der manuellen Arbeiter, der sog. Lohnarbeiter heraus, welche einerseits zwar persönlich frei sind und auf Grund eines freien

Vertrages, welchen sie mit dem Arbeitgeber abschließen, diesem die Nutzung ihrer Arbeitskraft überlassen, anderseits aber wieder, abgesehen von wenigen Ausnahmefällen, sich nie zur Stellung eines selbständigen Unternehmers erheben, sondern durch eine tiefe soziale Kluft von diesem für immer geschieden ihr ganzes Leben lang abhängige, unselbständige Lohnarbeiter verbleiben. Erst jetzt, wo also dem Arbeiter alle Aussicht genommen ist, später auch einmal in den Genuß des höheren Unternehmereinkommens zu treten, kann uns die Frage beschäftigen, ob er nicht für diesen Ausschluß von dem Emporsteigen zu einer höheren Einkommensstufe dadurch zu entschädigen sei, daß man ihn am Gewinn des Unternehmers teilnehmen lasse dergestalt, daß neben den festen Lohnbeträgen, die wieder die Form von Zeit- oder Stücklöhnen haben können, noch ein bestimmter Prozentsatz des durch die jährliche Bilanz ermittelten Geschäftsgewinnes nach bestimmten feststehenden Regeln unter die Arbeiter zur Verteilung zu gelangen hätte.

Vom Standpunkte einer Wirtschaftsordnung aus, wie sie sich der Sozialismus denkt, ist natürlich auch mit der Gewinnbeteiligung dem Arbeiter nicht geholfen. Denn dieses Lohnsystem läßt ihm ja nur eine Quote des Unternehmergewinnes zu teil werden, während jener ihm einen Anspruch auf den ganzen Ertrag der Arbeit verleiht, Kapitalzins und Unternehmergewinn dagegen als einen am Produkte fremder Arbeit vorgenommenen Raub betrachtet. Eine in sozialistischem Sinne angestellte Erörterung eliminiert also von vornherein die Gewinnbeteiligungsfrage.

Aber auch wenn wir auf dem Boden der heutigen Erwerbs- und Wirtschaftsordnung bleiben, gelangen wir zu einem ähnlichen Resultate. Denn eine Betrachtung dessen, was auf Grund der heutigen Organisation der Volkswirtschaft apriorisch sich begreifen läßt, muß die Frage, ob der Arbeiter aus volkswirtschaftlichen Gründen einen Teil des Einkommens beanspruchen kann, was bisher immer ganz der Unternehmer bezogen hat, mit nein be-

antworten, dagegen sich zustimmend dazu verhalten, daß der Bezug des Unternehmergewinnes durch den Unternehmer wirtschaftlich
zu rechtfertigen ist. Wir werden hier also am besten an eine
Darlegung über das Wesen des Unternehmergewinnes anknüpfen.
Wir wollen dabei der Erörterung die Stellung des Geschäftsinhabers
in einem großindustriellen Betriebe zugrunde legen, einmal, weil
hier die Sache am deutlichsten hervortritt, dann aber auch, weil
in der Gewinnbeteiligungsfrage uns meist nur solche größere Unternehmungen beschäftigen werden.

Zwei Fragen erheben sich hier: einmal, aus welcher Quelle
fließt das Einkommen des Unternehmers, und dann, auf welchen
Titel hin hat der Unternehmer Anspruch auf dasselbe? Was den
ersten Punkt anbelangt, so kann der Gewinn des Unternehmers nur
herrühren aus dem Erlös der verkauften Produkte. Von diesem hat
er zunächst die Kosten der Produktion in Abrechnung zu bringen,
um dann den noch verbleibenden Rest als sein spezifisches Unternehmereinkommen für sich in Anspruch zu nehmen, welches er
in seiner Eigenschaft als solcher davonträgt, das also nichts ent-
halten darf, was ihm in seiner Eigenschaft als Nichtunternehmer
oder einem andern zufallen könnte. Demnach erscheinen als Produktionskosten einmal der vertragsmäßige Lohn des Arbeiters, sowie
eine Vergütung für diejenige Thätigkeit, welche der Unternehmer
im Dienste seines Geschäftes entwickelt, welche aber geradesogut
eine andere von ihm angestellte Person würde ausüben können,
also Arbeiterlohn und Unternehmerlohn; ferner die kontraktliche
Verzinsung der geliehenen Kapitalien, sowie eine den durchschnittlichen landesüblichen Sätzen entsprechende Verzinsung des eigenen
dem Unternehmer gehörigen und im Geschäfte angelegten Kapitals,
also Leihzins und Unternehmerzins; weiterhin eine Entschädigung
für die Abnutzung der eigenen im Unternehmen thätigen Kapitalien, sowie die Versicherungsprämien für dieselben; endlich noch
eine Risikoprämie gegenüber der Gefahr, daß infolge des technischen oder wirtschaftlichen Mißlingens der Produktion ein Unter-

nehmereinkommen nicht resultiert, vielmehr der Ertrag der Produktion nicht einmal ausreicht, um die bisher erwähnten Kosten zu decken, an die Stelle des Unternehmergewinnes also der Unternehmerverlust tritt, welch letzterer uns in der Praxis nicht seltener begegnen wird als ersterer. Das auf Grund einer solchen Rechnung aus dem Produktionsertrag ermittelte Unternehmereinkommen erscheint demnach nicht als ein vertragsmäßig in bestimmter Höhe verabredetes wie Kapitalzins und Arbeitslohn, es ist vielmehr ein unbedungenes Einkommen, dessen Höhe vom jeweiligen Ertrage der Produktion abhängt.

Wir werden nunmehr auch auf die Beantwortung der zweiten Frage einzugehen haben, wie der Bezug des Unternehmergewinnes durch den Unternehmer wirtschaftlich gerechtfertigt werden kann. Sie lautet dahin, daß der Unternehmer in dem Unternehmergewinn die volkswirtschaftliche Vergütung für seine spezifische Unternehmerthätigkeit findet. Worin äußert sich nun letztere hauptsächlich? Vor allen Dingen darin, daß der Unternehmer die Wahl des von ihm zu betreibenden Geschäftes trifft, wie sie eine nach Ort- und Zeitverhältnissen angemessene, sowie nach dem jeweiligen Stand der Konjunkturen Erfolg verbürgende ist. Gerade an den modernen Unternehmungsarten wie den Aktiengesellschaften wird die Stellung des Unternehmers in dieser Beziehung recht klar. Hier können die spezifische technische Leitung, die merkantile Direktion von einer beliebigen in dieser Art ausgebildeten Persönlichkeit entgeltlich oder unentgeltlich übernommen werden. Was aber kein Mensch den Aktionären abnehmen kann, und weswegen sie immer die Unternehmer bleiben, mögen sie an und für sich dem Unternehmen noch so ferne stehen, das ist diejenige Wahl des Geschäftes, welche eine richtige und Erfolg verheißende genannt werden darf, die Umsicht, wie in zweckentsprechendster Weise zur rechten Zeit und am rechten Ort die an sich gleichartigen Produktionselemente zur gemeinsamen gewinnversprechenden Thätigkeit sich vereinigen lassen, wo die unter den gegebenen konkreten Verhält-

nissen wirtschaftlichste d. h. den Bedürfnissen am meisten ent-
sprechende Verwendung der Produktionsmittel stattfinden kann.
Ziehen wir ferner noch in Betracht, wie auch dann, wenn die
Wahl des Geschäftes wirklich auf eine in obigem Sinne produktive
Thätigkeit gefallen ist, wie auch dann noch Intelligenz, Leistungsfähigkeit, Organisationstalent und Geschäftserfahrung des Unternehmers für den weiteren Gang des Unternehmens von eminenter
Bedeutung sind, wie durch Einkauf der Rohstoffe unter möglichster
Ausnutzung der sich darbietenden Marktverhältnisse, Anwendung
der besten bekannten Produktionsmethoden, sofortige Zunutze-
machung aller Fortschritte auf dem Gebiete der Gewerbstechnik,
Berücksichtigung der Anforderungen des konsumierenden Publikums
in Bezug auf Geschmacksrichtung und Mode, Dirigierung der tech-
nisch fertig gestellten Produkte nach den Gegenden und Märkten,
wo sie nach Zurücklegung der billigsten Transportwege die höchsten
zur Zeit möglichen Preise erzielen, wie durch richtige Erfüllung
aller dieser und ähnlicher dem Unternehmer obliegenden Aufgaben
derselbe für das Endergebnis, für den wirtschaftlichen Erfolg der
Produktion einfach ausschlaggebend wird, so können wir es nur
ökonomisch für gerechtfertigt halten, daß der auf den Erfolg dieser
Thätigkeit zurückzuführende Überschuß des Preises der verkauften
Produkte über die Produktionskosten als volkswirtschaftlicher Lohn
dem Unternehmer zufällt.

Welchen Einfluß übt nun im Vergleich hierzu der Arbeiter
auf die Höhe des Produktionsertrages aus? Er bietet wie der Besitzer von Grund und Boden und Kapitalien die Nutzung eines
Produktionsfaktors, und je nach der Qualität dieser Nutzung, je
nachdem, ob er gute oder schlechte, fleißige oder lässige Arbeit
liefert, wird auch das technische Resultat der Produktion in der
Ausführung vollkommene oder unvollkommene, der Zahl nach viele
oder nur wenige Produkte aufzuweisen haben, was natürlich auch
für den wirtschaftlichen Erfolg des Herstellungsprozesses nicht
ohne jeglichen Belang sein wird. Ob aber die Nutzung der Arbeits-

kraft verwandt wird in einem Produktionsbetrieb, durch den ein
an bestimmtem Ort und in gewisser Zeit gerade recht dringlich
und intensiv hervortretendes Bedürfnis erfüllt, und somit ein
höchster Ertrag erzielt wird, oder ob der mechanische Bewegungseffekt der Arbeit zur Herstellung von Erzeugnissen gebraucht wird,
welche den vorhandenen konkreten Bedürfnissen in keinerlei Weise
entgegenkommen und daher auch keinerlei wirtschaftlichen Wert
haben, ob endlich auch noch die weiteren oben beispielsweise auf-
geführten Thätigkeiten des Unternehmers in richtiger Weise von
diesem wahrgenommen werden, das sind alles Dinge, die der Arbeiter nicht zu übersehen vermag; es können daher auch seine
Leistungen rein mechanischer Natur, wiewohl auf sie natürlich
ebensowenig wie auf die Nutzung der andern Produktionsfaktoren
zum Zweck der technischen Fertigstellung des Produktes zu
verzichten ist, für das wirtschaftliche Ergebnis der Produktion
in keinerlei Weise schwer ins Gewicht fallen. Denn bietet er auch
thatsächlich gute Leistungen, so bleibt es ja immer noch von Ge-
schäftskenntnis und Geschäftstüchtigkeit des Unternehmers ab-
hängig, ob denselben auch wirklich für die Gesellschaft ein Gebrauchswert zukommt. Bietet er dagegen schlechte Leistungen, die
das auf den Markt zu bringende Produkt die Konkurrenz besserer
Erzeugnisse nicht aushalten ließen, so hat man sich rasch seiner
entledigt und ihn durch einen andern ersetzt.

Entsprechend dieser von uns geschilderten untergeordneten Bedeutung der Einflußnahme des Arbeiters auf das wirtschaftliche
Resultat des Unternehmens läßt sich daher auch die Teilnahme
desselben am Unternehmergewinn, der nach obigem als die Vergütung für die Erzielung jenes wirtschaftlichen Resultates erscheint,
im allgemeinen ökonomisch nicht rechtfertigen; würde somit auch
durch das Ergebnis einer auf dem Boden der jetzigen Erwerbsordnung
angestellten Untersuchung die Gewinnbeteiligungsfrage eliminiert.

Nur in einem Ausnahmefall, nur bei einer Kategorie Ge-
schäftsangestellter kann die Teilnahme am Gewinn des Unter-

nehmers unter allen Umständen wirtschaftlich motiviert werden, indem diese Personen es in ihrer Macht haben, auf die Höhe des Reingewinnes entscheideud einzuwirken. So erfüllt der Direktor einer Aktiengesellschaft zum großen Teil diejenigen Aufgaben, die beim Einzelunternehmen vom Geschäftsinhaber selbst wahrgenommen werden, ist daher in hervorragendem Maße an der Erzielung des Geschäftsgewinnes beteiligt; so vermag ferner der Geschäftsreisende, indem er die alte Kundschaft erhält und neue zuführt, ebenfalls das wirtschaftliche Resultat des Geschäftes wesentlich zu beeinflussen; so können in gleicher Richtung überhaupt die gegen Entgelt in einem Unternehmen thätigen Personen wirken, die nicht mit einzelnen Arbeitsleistungen beschäftigt sind, sondern mit der Leitung oder mit Arbeiten, welche sich aufs Ganze beziehen, wie Prokuristen, Disponenten, Kassierer, Schriftführer und dergl. mehr. Hier liegt die eigentliche Domäne der Gewinnbeteiligung; hier treten wir aber demzufolge auch nicht mit einem neuen Vorschlage hervor, sondern weisen nur auf etwas hin, was schon seit langer Zeit in Übung ist, indem die Praxis, welche auch hier sofort den richtigen Weg erkannte, diese Leute durch Gewährung von Tantièmen schon längst am Geschäftsgewinn partizipieren läßt.

Bevor nun zur weiteren Erörterung übergegangen wird, soll doch nicht unerwähnt gelassen werden, daß infolge sogenannter Konjunkturen in unserer heutigen Volkswirtschaft auch dem Unternehmer Gewinne zufallen können, die nicht das Ergebnis einer bestimmten beabsichtigten und spekulierenden Thätigkeit seinerseits sind, welche vielmehr ganz unabhängig von seinem Willen plötzlich und unerwartet sich einstellen, eine Erhöhung des Tauschwertes der im Privateigentum befindlichen Kapitalien zur Folge haben, also auch eine Meliorierung der geschäftlichen Unternehmungen bewirken, dieselben gewissermaßen auf ein höheres Niveau erheben und dementsprechend auch den aus ihnen fließenden Gewinn bedeutend vergrößern. Ein wirtschaftlicher, durch irgend welche Verdienste motivierter Anspruch des Unternehmers auf diese Gewinne besteht hier ebensowenig, als wir im Vorhergehenden einen solchen des Arbeiters auf das Unternehmereinkommen anzuerkennen vermocht haben, sie erscheinen lediglich als ein Geschenk, welches der Unternehmer jenen günstigen Konjunkturen verdankt. Gerade deswegen könnte man sich hier vielleicht veranlaßt finden, dem Arbeiter einen Teil dieser Gewinne zuzusprechen, um dadurch jene wirtschaftliche Ungerechtigkeit des Bezuges derselben durch den Unternehmer einigermaßen zu mildern. Eine gerechtere Verteilung wäre aber auch hierdurch nicht bewirkt, indem eben statt nur einer dann zwei Seiten ungerechtfertigte Gewinne zufielen. Vielmehr muß hier entweder ein anderer Abhülfe verschaffender Ausweg gefunden werden oder muß den Angriffen auf das aus Konjunkturengewinn entstandene Kapital begegnet werden einmal mit dem Hinweis, daß diesen Gewinnen auch ebensolche Verluste entgegenstehen, dann damit, daß erstere eben unzertrennbar mit der Institution des privaten Kapitaleigentums verbunden sind, mit diesem also auch stehen und fallen.

Unsere rein theoretische Untersuchung hat uns bis jetzt zu dem Resultate geführt, daß ökonomisch berechtigte Forderungen der Arbeiter auf Beteiligung am Unternehmergewinn nicht geltend gemacht werden können. Trotzdem sehen wir das Anteilsystem in einer großen Zahl von Fällen, wie sie uns namentlich das treffliche Werk von BÖHMERT[1] und neuerdings wieder das Buch von GILMAN[2] zusammengestellt hat, im praktischen Leben mit Erfolg und Glück durchgeführt. Es entsteht daher folgerichtig die Frage, ob nicht die Gewinnbeteiligung der Arbeiter soviele anderweitige Vorteile gewährt, daß ihre Durchführung aus Opportunitätsgründen,

---

[1] Die Gewinnbeteiligung. Untersuchungen über Arbeitslohn und Unternehmergewinn. Von VICTOR BÖHMERT. Leipzig 1878.
[2] NICHOLAS PAINE GILMAN, Die Teilung des Geschäftsgewinns zwischen Unternehmern und Angestellten. Deutsch von LEOPOLD KATSCHER. Leipzig 1891.

ohne dadurch unmotivierten Ansprüchen der Arbeiter entgegenkommen zu wollen, zweckmäßig erscheint. Wenden wir uns daher einer Betrachtung dieser Vorzüge zu, wie sie als dem System
der Gewinnbeteiligung eigentümlich gerühmt werden.

Einmal soll das Anteilsystem zu einer Verbesserung der
ökonomischen Lage des Arbeiters führen. Dies kann auch
unter der Voraussetzung, daß die Anteile richtig von ihm verwandt, nicht im augenblicklichen Freudenrausch verjubelt werden,
sondern mit ihnen der Grundstein zu einem Vermögen gelegt wird,
durchaus nicht geleugnet werden. Denn durch die Ansammlung
eines solchen kleinen Geldkapitals ist dem Arbeiter einmal die
Gelegenheit gegeben, sich auf seine alten Tage sicher zu stellen,
wird ihm die Aussicht eröffnet, später über eine Rente verfügen
zu können, welche ihm ein sorgenfreies Alter ermöglicht. Oder
auch es wird mancher durch den erhaltenen Gewinnanteil in die
Lage versetzt, sich ein Häuschen zu erwerben, seßhaft zu werden,
ein Stück Land sein eigen zu nennen, ein vorzügliches Mittel, um
dem Arbeiter die Segnungen des Familienlebens zuteilwerden zu
lassen und die Schärfe der sozialen Frage zu mildern, da begreif-
licherweise die Umwandlung eines bisher besitzlosen Proletariers in
einen Grundeigentümer die günstigste Gelegenheit zum sittlichen
und materiellen Fortschritt in sich schließt. Ein anderer vielleicht
wieder wird den erhaltenen Gewinnanteil benutzen, um ein Ge-
schäftchen zu gründen und als selbständiger Mann fortan seinen
Lebenserwerb zu suchen. Ganz besonders macht sich aber die
Wohlthat des Besitzes eines solchen kleinen Geldkapitals oder
doch des jeweils ausbezahlten Gewinnanteils dann geltend, wenn
schlechte Geschäftszeiten mit ihren unvermeidlichen Folgen, wie
teilweiser Entlassung der Arbeiter, Verkürzung der Arbeitszeit und
Herabsetzung der Löhne für den verbleibenden Rest, sich einstellen. Hier ist die Gewinnbeteiligung gewissermaßen imstande,
die Stelle einer Versicherung gegen Erwerbslosigkeit zu vertreten.
Denn die solchermaßen entlassenen Arbeiter befinden sich jetzt in

der glücklichen Lage, mit Zuhülfenahme der ersparten Gewinnanteile sich eine andere Position zu verschaffen oder schlimmsten-
falls die beschäftigungslose Zeit überdauern zu können, ohne mit
Weib und Kind in bitterem Elend und tiefer Not schmachten zu
müssen. Die nicht entlassenen Arbeiter können die infolge ver-
kürzter Arbeitszeit herabgesetzten Löhne durch ihre Ersparnisse
nunmehr auf den früheren Stand ergänzen, so daß sie die schlimmen
Einwirkungen der schlechten Zeiten gar nicht sonderlich zu verspüren bekommen. So erfahren wir aus der Firma BILLON & ISAAK
in Genf[1], daß zur Zeit der Einwirkung des russisch-türkischen
Krieges und seiner Nachwehen ³/₅ des Personals entlassen werden
mußten, aber jeder Betroffene wenigstens mit dem Troste aus
dem Geschäfte scheiden konnte, daß er eine Ersparnis von min-
destens einem 6¹/₂ monatlichen Lohn mit sich in der Tasche fort-
trug. Als in demselben Jahre in dem Gebäude- und Stuben-
malergeschäft von LECLAIRE[2] in Paris der Gewinnanteil im Betrag
von 112500 frs. an 1081 Arbeiter ausgezahlt wurde, vernahm
man namentlich vonseiten der Hülfsarbeiter, welche im Laufe des
Jahres eine Zeit lang im Hause LECLAIRE beschäftigt gewesen waren,
bittere Klagen über die gewerbliche Krisis, zugleich aber auch
freudige Äußerungen darüber, wie diese Summe gerade zur rechten
Zeit komme, und wie sie nun, nachdem sie beinahe sechs Monate
schon ohne Arbeit gewesen, ihre Ersparnisse daher völlig erschöpft
seien, jetzt wieder in der glücklichen Lage wären, ihre Familie
noch einige Zeit erhalten zu können.

Die Gewinnbeteiligung ermögliche aber, wird behauptet, nicht
nur eine Verbesserung der wirtschaftlichen Verhältnisse des Arbeiters, sondern hebe ihn auch in sozialer und moralischer
Hinsicht. Denn der Arbeiter sei jetzt nicht mehr ein bloßer
Lohnempfänger, eine bloße Maschine, die ohne Verständnis für das
sie beschäftigende Unternehmen und teilnahmslos für ihre ganze

[1] GILMAN-KATSCHER, pag. 196. BÖHMERT, Nr. 6.
[2] BÖHMERT, Nr. 10. GILMAN-KATSCHER, pag. 65 ff.

Umgebung von der Hand des Fabrikherrn sich leiten und beherrschen lasse; er werde vielmehr jetzt ein mit dem Interesse des Geschäftes solidarisch verbundener Genosse, dem sein eigenes Wohl und das der Firma identisch seien. Die Folge sei, daß er eine höhere Auffassung von seiner Stellung gewinne, ihn ein größeres Selbstgefühl als bisher beseele, und er dieser seiner neuen sozialen Stellung durch ein besseres Betragen würdig zu werden suche. So erzählt z. B. Marquot, einer der Chefs des Hauses Leclaire, daß die Zimmermaler früher für die nachlässigsten, ausschweifendsten und widerspenstigsten Arbeiter von Paris gegolten hätten, nunmehr aber nach Einführung des Anteilsystems es keine fleißigeren, solideren und umgänglicheren Arbeiter gebe als die der Firma Leclaire.

Als den weitaus größten moralischen Vorteil, welcher dem Arbeiter durch die Gewinnbeteiligung erwächst, müssen wir die schon mehrfach erwähnte Anregung zum Sparen betrachten. Wenn auch manche Geschäftsherren über die Unfähigkeit der Arbeiter klagen, die erhaltenen Gaben in richtiger Weise verwenden zu können, so versichern aber auch andere wieder, mit Freuden wahrgenommen zu haben, wie allseits von den Arbeitern ein guter Gebrauch mit dem Gelde gemacht wurde, dasselbe nicht vertändelt oder vertrunken, vielmehr zur Bezahlung der Wohnung verwandt oder, worauf es uns hier ankommt, in eine Sparkasse gelegt wurde. Ein Mensch, der aber Ersparnisse gemacht hat, der ein wenn auch nur kleines Vermögen sein eigen weiß, hat nichts mehr gemein mit jener von Haus aus verdorbenen, leichtfertigen und sinnlichen Arbeiterklasse, die, wie ein Unternehmer klagt, von der Hand in den Mund lebt, nur arbeitet, um nicht Hungers zu sterben, und lieber eigentlich gar nichts schaffen würde. Übt so die Gewinnbeteiligung auf den Arbeiter eine erziehende und versittlichende Wirkung aus, so spräche gerade der oft gegen das System angeführte Umstand, daß der Arbeiter erst dafür herangebildet werden müsse, zu gunsten desselben, erschiene die Notwendigkeit, die

Arbeiter zu bilden und friedliche Beziehungen mit ihnen zu unterhalten, als eine Wohlthat.

Hauptsächlich wird aber als Vorteil der Gewinnbeteiligung angeführt, sie steigere die Menge der Arbeitsleistungen und verschaffe dem Unternehmer eine Arbeitsleistung von außergewöhnlicher technischer Güte. Gerade dieser Punkt ist für uns von großer Wichtigkeit. Denn er ermöglicht uns, die vorhin aufgestellte Behauptung, daß auch in unserer Erwerbsordnung die Gewinnbeteiligung nirgends wirtschaftlich sich motivieren lasse, in mancher Beziehung etwas einzuschränken, und zeigt uns ein wenn auch nur kleines Gebiet, innerhalb dessen jene Rechtfertigung erbracht werden kann. Wir haben vorhin dargelegt, daß im großen und ganzen der Arbeiter nur einen Bewegungseffekt hervorbringt, welcher Gebrauchswert erst durch die spezifische Unternehmerthätigkeit erhält, daß also der wirtschaftliche Erfolg des Betriebes lediglich durch richtige von Glück begleitete Maßnahmen des Unternehmers bedingt wird. Gehen wir nun einmal von der Voraussetzung aus, die Wahl des Unternehmers sei wirklich auf irgend eine produktive Thätigkeit gefallen, so daß die durch die mechanische Leistung des Arbeiters hergestellten Erzeugnisse den vorhandenen konkreten Bedürfnissen in jeder Beziehung entgegenkommen. Alsdann haben wir in den uns zur Betrachtung noch übrig bleibenden, mit Aussicht auf Erfolg ins Leben gerufenen Unternehmungen wieder zwei Kategorieen zu unterscheiden: einmal solche, in welchen auch für den weitern Gang der Produktion Organisationstalent, merkantile Gewandtheit des Geschäftsdirigenten, sowie die Fähigkeit desselben, sich bietende günstige Verhältnisse rasch sich zu nutze zu machen, drohenden Konjunkturen dagegen noch zur rechten Zeit geschickt auszuweichen, eine große Rolle spielen, wo also in Anbetracht großer Risiken, welchen die Produktion ausgesetzt ist, die wesentliche Vorbedingung für ein wirtschaftliches Gelingen derselben das Vorhandensein einer Unternehmerkapazität bildet, welcher gegenüber Menge und Güte der

ausführenden Arbeit für den wirtschaftlichen Erfolg gar nicht mit
ins Gewicht fallen; dann solche Unternehmungen, wo in Anbetracht
des Umstandes, daß die Art des Betriebes mehr durch die Natur des
Geschäftes gegeben, als durch den Willen des Dirigenten bestimmbar
ist, für den Betrieb feste Regeln existieren, wo ferner mit Rücksicht auf die menschlichen Bedürfnisse, zu deren Befriedigung die
hier hergestellten Produkte dienen, der Gang der Geschäfte mehr
ein stabiler, der Absatz der Produkte ein gleichmäßiger ist, Verlustgefahren dagegen nicht zu befürchten sind. In diesem Falle sind
für gute und erfolgreiche Geschäftsführung jene oben erwähnten
spezifischen Unternehmereigenschaften nicht in so hohem Maße
erforderlich, sondern genügt für die Leitung eine durch die Erfahrung leicht zu erlernende Routine, ist aber im Gegensatz zu
den oben besprochenen Fällen dafür um so größer der Einfluß,
den der Arbeiter durch vermehrte Anstrengung seiner geistigen und
mechanischen Arbeitskraft, sowie durch erhöhte Akkuratesse in Ausführung der Arbeit auf den wirtschaftlichen Erfolg der Produktion
ausübt, indem bei der im allgemeinen bei allen Besitzern derartiger Unternehmungen in gleich hohem Grade vorhandenen
Möglichkeit, für ihre Erzeugnisse einen Käufer zu finden, derjenige
den höchsten Erlös erzielen wird, welcher die meisten und zugleich
besten Produkte herstellt. Lassen wir nun in einem solchen Unternehmen der zuletzt besprochenen Art das Anteilsystem zur Durchführung bringen, lassen wir den Arbeiter infolge des Eindrucks,
welchen dasselbe auf ihn macht, jetzt plötzlich die Menge seiner
Arbeitsleistungen in bedeutendem Maße steigern, so daß er in der
gleichen Zeit viel mehr Produkte herstellt als früher oder als
ein Arbeiter in einem andern Geschäft derselben Branche, ihn
ferner mit viel größerer Sorgfalt arbeiten, also Produkte nunmehr
verfertigen, welche infolge feinerer und vollkommenerer Ausführung
einen höheren Wert haben, so wird demgemäß der Reinertrag eines
solchen Geschäftes sich bedeutend erhöhen, ohne daß die Produktionskosten in irgend einer Weise gestiegen wären. Hier führt

also die Gewinnbeteiligung zu einem Überschusse des aus dem Verkauf der Produkte erzielten Erlöses über die Produktionskosten, der ohne sie nicht vorhanden wäre. Hier wird demnach auch der Gewinnanteil der gewöhnlichen Lohnarbeiter aus einem Ertrage bestritten, der erst infolge der Gewinnbeteiligung entstanden ist; hier also vermag letztere eine wirtschaftlich gerechtfertigte genannt zu werden.

Wie aber, müssen wir uns jetzt noch fragen, kommt der Arbeiter dazu, unter Einwirkung des Systems der Gewinnbeteiligung höheren Fleiß und größere Achtsamkeit an den Tag zu legen? Unter der Herrschaft des heutigen Lohnsystems wird der Arbeiter mit einem bestimmten Geldbetrage für seine Leistungen abgefunden und damit endgültig vom Werke seiner Hände getrennt. Die Folge ist, daß er dem Unternehmen, in welchem er seinen Broterwerb findet, gleichgültig gegenübersteht, daß an Stelle der wünschenswerten Interessenharmonie zwischen Arbeitgeber und Arbeitnehmer ein der gedeihlichen Entwicklung des Unternehmens äußerst schädlicher Interessengegensatz tritt, indem ersterer bestrebt ist, für das ihm gebotene Geld möglichst wenig zu arbeiten, letzterer infolgedessen sich gezwungen sieht, für die ihm gebotene geringfügige Leistung möglichst wenig zu bezahlen. Ändert sich nun die Sachlage insofern, daß zu den festen Löhnen noch die Gewinnbeteiligung hinzutritt, so ist dies für den Arbeiter gleichbedeutend mit der Aussicht auf eine zu erwartende Lohnerhöhung. Zugleich wird er sich sagen, daß je höher der nach Ablauf des Jahres sich ergebende Geschäftsgewinn sein wird, um so mehr auch sein Lohn steigen wird; er wird daher bemüht sein, soweit es in seinen Kräften liegt, möglichst zu einer solchen Erhöhung des Gewinnes beizutragen. Man bemerkt demzufolge bei ihm jetzt das Entfalten jener guten Eigenschaften, wie sie nur das Selbstinteresse zu zeitigen pflegt. Er begiebt sich nun mit größerer Lust und Freudigkeit an seine Arbeit, was naturgemäß gesteigerten Arbeitseifer, raschere Arbeitsverrichtung, Herstellung einer größeren Produktenmenge,

zweckentsprechendere, in der Ausführung exaktere Arbeit zur Folge
hat, kurz überall Fortschritte, sowohl was Quantität als Qualität
der Produkte anbelangt. Den um ein bedeutendes vermehrten
Fleiß der Arbeiter illustriert am besten folgendes Beispiel aus einem
landwirtschaftlichen Betriebe. Der Lehensbaron ZYTPHEN-ADELER[1],
Rittergutsbesitzer auf Dragsholm in Seeland, erzählt uns, daß
Dragsholm, der größte Wirtschaftsbetrieb auf der Insel Seeland, im
ersten Jahre nach Einführung der Gewinnbeteiligung acht Tage
vor den meisten Bauerhöfen der Gegend die volle Ernte ein-
gebracht hatte, etwas, das nie zuvor geschehen und jenesmal nur
dadurch erreicht worden sei, daß von allen fleißig und ausdauernd
gearbeitet wurde. Weiterhin berichtet ZYTPHEN-ADELER noch über
folgenden interessanten Vorfall. Eines Tages sei Roggen gesät
worden. Als er abends $7^1/_2$ Uhr die Leute noch in voller Thätigkeit traf, habe er geäußert, daß es an dem Tage doch nicht mehr
gelingen werde, die noch zurückgebliebenen $2^1/_2$ Acker zu bestellen.
Die Arbeiter seien indes sofort in der Antwort einig gewesen, daß
dies erreicht werden müsse, und es sei erreicht worden. Auch
vernehmen wir, daß nunmehr bereitwilligst Überstunden von den
Arbeitern geleistet werden. So arbeitete z. B. das LECLAIRE'sche
Personal im Jahre 1876[2], um den Behörden aus einer durch die
Strikes verursachten Verlegenheit zu helfen, sechs Wochen lang
14 Stunden und wöchentlich zwei Nächte hindurch an den An-
streicherarbeiten in den Weltausstellungsgebäuden für 1878, ohne
zu murren. Firmen, wie die Fabrik für Spieldosenbestandteile
von BILLON und ISAAC[8] in Genf, versichern, daß sie jetzt, ohne
bei dem Personal Anstoß zu erregen, auf der sorgfältigeren Ausführung von Arbeiten bestehen könnten, mit welchen sie früher
unzufrieden gewesen seien, ohne sich helfen zu können. Ähnlich

[1] BÖHMERT, Nr. 20.
[2] GILMAN-KATSCHER, pag. 72.
BÖHMERT, Nr. 6.

glaubt auch der Druckereibesitzer Gasté[1] in Paris, erst durch das
Anteilsystem in den Stand gesetzt worden zu sein, zahlreiche
schwierige Aufträge auszuführen, die zu übernehmen er früher gar
nicht gewagt haben würde.

Hand in Hand mit der bis jetzt geschilderten Steigerung von
Fleiß und Achtsamkeit der Leute geht dann gewöhnlich noch
sparsamer Umgang mit den Rohstoffen, Pünktlichkeit
und Reinlichkeit in Behandlung der Maschinen und
Werkzeuge, sowie sorgfältige Aufbewahrung der Abfälle.
Hierdurch können mancherlei Verluste vermieden, und es vermag somit indirekt von seiten des Arbeiters eine gewisse Einwirkung auf die Erhöhung des Geschäftsgewinnes ausgeübt zu
werden. Gerade über diesen Punkt liegen uns eine Menge Belege
aus dem praktischen Leben vor. So trat in den Kohlenbergwerken
von Briggs & Son[2] in England, deren Versuch der industriellen
Teilhaberschaft eine Zeitlang sehr lebhaft in Versammlungen und
in der Presse besprochen wurde, bald nach Einführung der Gewinnbeteiligung eine bedeutende Ersparnis an Material und Werkzeugen
hervor. Die Chefs berechneten, daß die Grubenmänner durch
Reinhalten der Kohle, durch Vermeiden des Zerstückelns derselben
und durch bessere Ausnutzung der Stützpfähle jährlich 3300 Pfd.
Sterling sparten; auch die frühere große Schienenverschwendung
hatte in erfreulichem Maße nachgelassen. Weitere interessante
Daten teilt in dieser Beziehung uns das Gas- und Wasserleitungs-
geschäft von Barbas, Tassart & Balas[3] in Paris mit. Früher
machten hier Abnutzung und Verluste von Tauwerk, Leitern und
Lötrohren 8—10000 Frs. aus, jetzt nur noch 5000. Statt ein
kleines Stückchen Zinkblech aus einer ganzen Platte heraus-
zuschneiden, suchen es jetzt die Arbeiter zwischen den Abschnitzeln

[1] Böhmert, Nr. 69.
[2] Böhmert, Nr. 2. (Gilman-Katscher, pag. 247 ff.
[3] Gilman-Katscher, pag. 170.

u. dergl. mehr. Druckereien, wie CHAIX[1] und GASTÉ[2] in Paris, rühmen, daß in ihrer lithographischen Abteilung keine Drucksteine mehr zerbrochen würden, während vor Annahme des Systems deren viele in Trümmer gegangen seien. Um mit einem Beispiel aus der Landwirtschaft zu schließen, so teilt uns der Gutsbesitzer JAHNKE in Bredow in Brandenburg[3] mit, daß jetzt an zerbrechlichen thönernen Milchsatten im Jahre genau so viel Einzelexemplare gebraucht würden als früher Dutzende.

Endlich führt das nunmehr wachgerufene Bestreben der Arbeiter, alles zu vermeiden, was irgendwie den Geschäftsgewinn und somit auch den Gewinnanteil des einzelnen verkürzen könnte, zu einer gegenseitigen Überwachung und Kontrolle während der Arbeit, wodurch dem Unternehmer ein großer Teil der sonst ihm obliegenden Aufsicht und Sorge abgenommen wird. Ein praktischer Landwirt, der Rittergutsbesitzer WÖLBLING auf Kreuzkrug, schreibt über diesen Punkt in den landwirtschaftlichen Jahrbüchern: «Der Besitzer hat jetzt ganz sichere Arbeiter, und jede Arbeit wird zur rechten Zeit gefördert. Er braucht nicht mehr zu drängen und zu treiben und sich im stillen zu ärgern über viele Nachlässigkeiten, welche er nicht abstellen kann. Wenn er den Rücken wendet, so weiß er sein Geschäft so wohl versorgt, als wenn er es selbst führte. Er kann aller Mittelspersonen entbehren, da die eigentliche Aufsichtsführung fortfällt».

Aber auch jetzt, wo wir in die Lage versetzt worden sind, einen Kreis von Unternehmungen festzustellen, innerhalb dessen die Anwendung der Gewinnbeteiligung möglich wird, indem der Arbeiter in der bisher besprochenen Weise einen gewissen Einfluß auf den wirtschaftlichen Erfolg der Produktion auszuüben vermag, nötigt uns der Umstand, daß der Grad der Einwirkung des Arbeiters auch auf den technischen Erfolg der Produktion in den

[1] BÖHMERT, Nr. 69. GILMAN-KATSCHER, pag. 86.
[2] BÖHMERT, Nr. 69. GILMAN-KATSCHER, pag. 100.
[3] BÖHMERT, Nr. 15.

— 19 —

verschiedenen Arten derselben ein äußerst verschiedener ist, jenen Kreis noch enger zu ziehen, so daß schließlich nur noch diejenigen Geschäfte in ihm zusammengefaßt sind, in welchen einmal die spezifische Unternehmerthätigkeit nicht besonders ausschlaggebend ist für das wirtschaftliche Resultat der Produktion, und in denen zugleich das technische Gelingen derselben wesentlich auf die Leistung des Arbeiters zurückzuführen ist, die Kosten der Handarbeit also, d. h. die zur Zahlung gelangenden Löhne den weitaus größten Bestandteil der Produktionskosten ausmachen, großes Kapital beanspruchende, arbeitsersparende Maschinen dagegen nur wenig in Anwendung kommen. Eine Betrachtung der thatsächlichen Fälle wird uns darüber belehren, daß eine von großem Erfolg begleitete Durchführung des Anteilsystems sich auch nur in derartigen Geschäften mit hoher Bedeutung der Handarbeit findet, wo der Arbeiter imstande ist, einen den durchschnittlichen landesüblichen Gewinn übersteigenden Mehrgewinn zu erarbeiten, aus welchem die ihm gewährten Gewinnanteile gedeckt werden können. So bietet z. B. ein vorzügliches Feld für die Gewinnbeteiligung der Kohlenbergbau nach den Erfahrungen, welche man in England in den Gruben von Briggs & Son[1] gemacht hat. Denn die Produktionskosten der Kohle bestehen zu 70 % aus Lohn für die unter und über der Erde geleistete Gesamtarbeit, während nur 12—15 % der Kosten für Materialien wie Holz, Eisen, Öl etc. ausgegeben werden, woran die Arbeiter bei Wachsamkeit und gutem Willen noch viel sparen können. Auch in der Hochseefischerei ist die Löhnung mittels Gewinnbeteiligung um so natürlicher, als hier fast der ganze Ertrag von der persönlichen Thätigkeit und Anstrengung jedes einzelnen abhängt. Monatelang befindet sich ein solches Fahrzeug fern von aller Welt ganz isoliert auf weiter See: da vermögen nur die äußerste Willigkeit zur Arbeit, die größtmögliche Sorgfalt und

[1] Boumert, Nr. 2. Gilman-Katscher, pag. 247 ff.

eine absolute Disziplin Erfolg zu verbürgen, alles Eigenschaften,
wie sie vorzüglich die Gewinnbeteiligung in dem Arbeiter wach-
zurufen imstande ist. Wir finden daher hier dieselbe auch als
eine Einrichtung von altem Datum. In der Industrie kommen für das Anteilsystem namentlich
solche Betriebe in Betracht, in welchen die Arbeit nicht allein von
ausschlaggebender Bedeutung ist, sondern zugleich auch den Charakter
einer nur mechanischen Leistung verliert und einen höheren Grad von
Geschicklichkeit, Kenntnis sowie Intelligenz von seiten der Arbeiter
voraussetzt, was allerdings im allgemeinen im Handwerk eher zu-
treffen wird als in der Großindustrie. Namentlich wird dies der Fall
sein bei der Fabrikation kunstgewerblicher Gegenstände wie bei
der Uhrenfabrikation. Thatsächlich hat auch eine letzterem
Fache angehörende Firma, die Fabrik für Spieldosenbestandteile
von BILLON & ISAAC[1] in Genf, seit einer Reihe von Jahren das
Anteilsystem mit vielem Glück durchgeführt. Hergestellt werden
hier feine Arbeiten, welche mehr oder weniger kleine Kunstwerke
sind. Die Arbeitslöhne betragen ein Drittel des Preises der Produkte, so daß die Bedeutung der Handarbeit eine ziemlich große
ist. Ebenfalls in den Bereich der Kunstindustrie gehören die
dekorativen Gewerbe. Unter ihnen hat die Gebäude- und
Stubenmalerei einen glänzenden Vertreter unter den Gewinnbeteiligungsfirmen in dem weltbekannten Hause LECLAIRE in Paris
gefunden. Hier sind aber auch Vorbedingungen vorhanden, wie
sie für Einführung des Systems nicht günstiger sein könnten. Zur
Gebäudemalerei eignen sich einmal nur intelligentere Leute, quali-
fizierte Arbeiter, welche eine 5—6jährige Lehrzeit hinter sich haben.
Die Beschäftigungen bestehen fast allein aus Handarbeit. Die
Waren, Farben, Werkzeuge machen kaum $^1/_5$ der Gesamtaus·
gaben aus, die übrigen $^4/_5$, also 80 % der Ausgaben werden auf
die Löhne verwendet. Dabei handelt es sich um Bedürfnisse des

---

[1] BÖHMERT, Nr. 6. GILMAN-KATSCHER, pag. 194.

täglichen Lebens, die Nachfrage ist namentlich in einer Weltstadt wie Paris eine stete. Die Leitung erfordert keine besondere Unternehmergeschicklichkeit, sondern ist nur Sache angelernter Erfahrung. Ebenfalls nicht ungünstig für das Anteilsystem stehen die Verhültnisse in der Papier- und Druckindustrie. Auch hier liegen uns Gewerbebetriebe vor, welche Schwankungen im Absatz infolge wechselnder Konjunkturen wenig ausgesetzt sind, in denen gesteigerter Arbeitseifer, schonender Umgang mit dem Material und gegenseitige Kontrolle einen günstigen Einfluß auf das Geschäftsresultat auszuüben vermögen. Dementsprechend finden wir auch in diesen beiden Branchen zwei hervorragende Gewinnbeteiligungsfirmen, die PAPETERIE COOPÉRATIVE in Angoulême[1] und die Buchdruckerei von CHAIX[2] in Paris. Verschiedene Erfolge wurden mit dem Anteilsystem erzielt in der so mannigfaltigen Industrie der Metallverarbeitung. Während Fabriken für Heizvorrichtungen, Haus- und Küchengeräte, wie das sog. FAMILISTERIUM IN GUISE[3], welche Gegenstände des täglichen Bedarfes herstellen, und in welchen der Ausfall der Produktion wesentlich mitbedingt wird durch Eifer und Achtsamkeit in Ausführung der Arbeit, vorzügliche Resultate aufzuweisen haben, hat man gegenteilige Erfahrungen in Messingwerken wie in dem von BORCHERT[4] in Berlin gemacht, wo die Löhne nur 3 % der Selbstkosten des Fabrikates ausmachen.

Mit den wenigen bis jetzt aufgezählten Gewerben wie dem Kohlenbergbau, der Fischerei, einigen Kunstindustrieen, der Papier- und Druckindustrie, sowie einigen Metallgewerben haben wir die Zahl derjenigen Betriebe erschöpft, in welchen mit Rücksicht auf die Natur des Unternehmens ein durchschlagender Erfolg mit der Gewinnbeteiligung erzielt worden ist. In andern Erwerbszweigen

---

[1] GILMAN-KATSCHER, pag. 75. BÖHMERT, Nr. 64.
[2] BÖHMERT, Nr. 69. GILMAN-KATSCHER, pag. 86.
[3] GILMAN-KATSCHER, pag. 137.
[4] BÖHMERT, Nr. 4.

ist nur ein teilweiser Erfolg zu verzeichnen. So ist in der Landwirtschaft gute und fleißige Leistung des Arbeiters gewiß nicht
zu unterschätzen; es kommen aber für die Höhe des Ertrags noch
eine Menge anderer Momente in Betracht, so allgemeine Konjunkturen, auf welche der einzelne nicht von Einfluß ist, wie
Witterung und Stand der Getreidepreise, dann aber noch besonders Geschicklichkeit der Leitung, welche durch richtige Maßnahmen inbetreff der Fruchtfolge, der Auswahl der Saat, der Zucht-
richtung, der Meliorationen etc. die Erfolge des Wirtschaftsbetriebes
bedeutend zu beeinflussen vermag. Namentlich aber in den ausge-
dehnten und weiten Gebieten der chemischen Industrieen und
der Textilgewerbe stehen Momente, auf welche die Arbeiter
durchaus einflußlos sind, so sehr im Vordergrund, ist im Verhältnis zu den angewandten Maschinen und dem im Unternehmen
thätigen Kapital der Anteil der Handarbeit an dem Geschäfts-
erträgnis ein so geringer, daß die Gewinnbeteiligung sich als un-
wirksam erweist.

Auch in Erwerbszweigen, welche nicht der Herstellung materi-
eller Sachgüter dienen, so im Verkehrs- und Beförderungswesen, im Handel, Bank- und Versicherungswesen, sind
Versuche mit der Gewinnbeteiligung angestellt worden. Jedoch im
Beförderungswesen kann wohl ein direkter Einfluß auf Vermehrung
der Einnahmen vom Personal nicht ausgeübt werden, ein Motiv,
welches auch die schweizerische Postverwaltung[1] veranlaßt hat, das
eine Zeitlang von ihr ausgeübte Anteilsystem wieder fallen zu
lassen. Im Handel fällt mehr als sonst irgendwie die merkantile
Geschicklichkeit des Geschäftsherrn in die Wage, tritt dagegen die
etwa thätige manuelle oder geistige Arbeit der Angestellten völlig in
den Hintergrund, ebenso in den Spekulationsgeschäfte betreibenden
Banken, wogegen hinwiederum in den Grundkreditbanken und im
Versicherungswesen der Gang der Geschäfte mehr ein stabiler, die

[1] BÖHMERT, Nr. 76.

unbedingte Abhängigkeit des Unternehmens von der einen leitenden
Hand nicht vorhanden ist. Trotzdem vermögen wir auch hier
nicht abzusehen, wie das Personal imstande sein sollte, durch besondern Fleiß und besondere Achtsamkeit die Geschäftsresultate
wesentlich zu beeinflussen. Vielmehr könnten hier nur zwei
andere Momente es sein, welche es geraten erscheinen ließen, das
Anteilsystem zur Durchführung zu bringen. Einmal sehen wir in
großen Versicherungsgesellschaften, wie der COMPAGNIE D'ASSURANCES
GÉNÉRALES [1] in Paris, in Bankhäusern, wie der PREUSSISCHEN GRUND-
KREDITBANK [2] zu Berlin, und Verkaufsgeschäften, wie AU BON MARCHÉ [3]
in Paris, in ihrem Bestande gesicherte Unternehmungen von altem
Rufe vor uns, bei welchen es nichts Ungewöhnliches mehr ist,
daß den Beamten, ähnlich wie den Staatsangestellten, außer ihrem
Gehalte auch noch eine Pension für ihre alten Tage zugesichert
wird, was sich in solchen Unternehmungen auch durch ein besonderes System der Gewinnbeteiligung, nämlich durch Festlegung
der Anteile und Ausbezahlung derselben nach Zurücklegung eines
bestimmten Dienstalters, erreichen läßt. Die Einführung des Anteilsystems kann also hier als die eines Pensionssystems betrachtet
werden, das zugleich einige Vorzüge der Gewinnbeteiligung mit
sich verbindet.

Dann aber vermag letztere noch in den Geschäften der oben
erwähnten Art, sowie auch sonst überhaupt in industriellen und
merkantilen Betrieben, einen bisher noch nicht besprochenen Vorteil zu bieten, welcher mitunter es als zweckmäßig erscheinen
lassen mag, sie zur Anwendung zu bringen. Die Gewinnbeteiligung
ist nämlich öfters imstande, dem Arbeitgeber die regelmäßige
und dauernde Verfügung über die Nutzung williger Arbeitskräfte zu sichern, was namentlich in Versicherungsbanken
große Bedeutung hat, wo leicht konkurrierende Gesellschaften,

---

[1] BÖHMERT, Nr. 76. GILMAN-KATSCHER, pag. 231.
[2] BÖHMERT, Nr. 77. GILMAN-KATSCHER, pag. 234.
[3] BÖHMERT, Nr. 81. GILMAN-KATSCHER, pag. 229.

indem sie durch günstigere Gehaltsversprechungen und dergl. die
Beamten an sich locken, zugleich auch Kenntnis von der Kundschaft der älteren Gesellschaften gewinnen und dieselbe abwendig
machen. Aber auch abgesehen von diesen speziellen Fällen wird
sonst überall das erhöhte Interesse, welches unter Herrschaft des
Anteilsystems der Arbeiter dem Unternehmen entgegenbringt,
ersteren dazu veranlassen, einen unnützen Wechsel der Arbeitgeber
zu vermeiden, vielmehr ihn an ein und dasselbe Geschäft fesseln,
so daß nun dem Geschäftsherrn die Gelegenheit gegeben ist, einen
Stamm treuer und verläßlicher Arbeiter heranzuziehen, welcher
dauernd für das Unternehmen gewonnen ist und zugleich einen
wohlthätigen Einfluß auf die übrigen Arbeiter auszuüben vermag.
«Unser Personal», schreibt der Papierfabrikant LA ROCHE-JOUBERT
in Angoulême[1], «ist ein so stabiles, daß die Zahl der Familien,
deren sämtliche Mitglieder bei uns angestellt sind — oft die
Großeltern, die Eltern und die Kinder gleichzeitig —, immer größer
wird.»

Endlich aber können wir noch im Anschluß hieran als Vorteil der Gewinnbeteiligung anführen, daß mit dem Einziehen eines
befriedigenden Verhältnisses zwischen den leitenden und ausführenden Kräften einer Fabrik auch die Vermeidung von
Arbeitseinstellungen und sonstigen Störungen des sozialen
Friedens zusammenhängt. So wie bislang die Verhältnisse in der
Industrie liegen, tobt ein beständiger schwerer Kampf zwischen
der Klasse der Arbeitgeber und Arbeitnehmer, der auf beiden Seiten
mit der größten Erbitterung geführt wird, und welchem gegenüber
zeitweiliges ruhiges Weiterarbeiten nur als ein Waffenstillstand
anzusehen ist, dem neue heftige Kämpfe bei der nächsten Gelegenheit, wo die Gemüter wieder aufeinanderplatzen, folgen werden.
Durch die Gewinnbeteiligung rühmen viele Unternehmer, welche
dieselbe in ihren Firmen eingeführt haben, sei das anders geworden.

---

[1] GILMAN-KATSCHER, pag. 75. BÖHMERT, Nr. 54.

— 25 —

Anhänglichkeit der Arbeiter an ihren Chef, festes Vertrauen dieses zu seinen Untergebenen charakterisierten nun das beiderseitige Verhältnis, ein festes inneres und äußeres Band verknüpfe fortan beide Teile miteinander. Man sei jetzt endlich einmal imstande, über irgend ein strittiges Arbeitsverhältnis ein ruhiges, verständiges Wort mit dem Arbeiter zu reden, ohne daß dieser den von der andern Seite aufgestellten Vorschlag mit dem größten Mißtrauen entgegennehme und Schlimmes in ihm wittere, ohne daß er gleich, um irgend eine Forderung seinerseits durchzusetzen, zu dem für beide Teile gefährlichen Mittel der Arbeitseinstellung greife.

Nachdem wir im Vorhergehenden die Vorteile des Anteilsystems, wie sie sich aus einer Betrachtung der praktischen Fälle ergeben, aufzustellen versucht und als solche gefunden haben Verbesserung der ökonomischen Lage des Arbeiters, Hebung desselben in sozialer und moralischer Hinsicht, Steigerung der Menge der Arbeitsleistungen, Arbeitsleistungen von außergewöhnlicher technischer Güte, regelmäßige und dauernde Verfügung über die Nutzung williger Arbeitskräfte, endlich Vermeidung von Arbeitseinstellungen und infolgedessen Einziehen eines befriedigenden Verhältnisses zwischen Arbeitgeber und Arbeitnehmer, nachdem wir ferner auf Grund dieser Resultate auch das Gebiet zu umgrenzen vermocht haben, innerhalb dessen die wesentlichen Vorbedingungen für Durchführung des Anteilsystems gegeben sind und dasselbe ökonomisch zu rechtfertigen ist, wird es die Aufgabe unserer weiteren Erörterung sein, auch die etwaigen Nachteile, welche die Gewinnbeteiligung mit sich bringt, einer Betrachtung zu unterziehen und zuzusehen, ob dieselben die Vorteile aufzuwiegen imstande sind oder nicht.

An Stelle der Interessengemeinschaft, jenes harmonischen Zusammenlebens von Arbeitgeber und Arbeitnehmer, sehen viele nur noch eine Verschärfung der sozialen Gegensätze als Konsequenz einer streng durchgeführten Gewinnbeteiligung eintreten; die Gewährung eines Rechtes auf Gewinnanteil enthält nach ihnen einen neuen Keim der Zwietracht und ein auflösendes Prinzip. In einem industriellen Unternehmen, wo Leute so verschiedener Bildungsgrade und Fähigkeiten auf die Erreichung ein und desselben Zieles hinarbeiten, ist ein von Erfolg begleitetes Schaffen nur dann möglich, wenn eine strenge Unterordnung der ausführenden Kräfte unter die Ideen des leitenden Kopfes stattfindet. Es muß also die Autorität des Chefs in jeder Beziehung gewahrt bleiben; unbefugte Leute, welchen das nötige Verständnis abgeht, dürfen sich in keiner Weise in die Geschäftsleitung einmischen können. Hat aber der Arbeiter das Recht erhalten, an einer bestimmten Quote des Reinertrages zu partizipieren, resp. hat sich als Folge mehrjähriger Ausübung des Systems ein solches dem Arbeiter zwar nicht zuerkanntes Recht thatsächlich doch ausgebildet, dann wird naturgemäß auch der Arbeiter das Recht beanspruchen, bei der Feststellung des Reingewinnes ein Wort mitzusprechen und sich jeweils vom Stande der Geschäfte durch Einsichtnahme der Bücher zu informieren, ein Recht, welches aber gleichbedeutend ist mit einer gewaltigen Einschränkung der Dispositionsbefugnis des Leiters, einer schweren Schädigung seiner Autorität.

Wenn schon es Schwierigkeiten macht, dem Aktionär, welcher in der Regel den gebildeteren Ständen angehört, durch eine vom Direktorium aufgestellte Bilanz auch nur einigermaßen vom Stande des Unternehmens Kenntnis zu verschaffen, um wieviel wird es dem Arbeiter, welcher in den Praktiken des Geschäfts- und Börsenlebens die allergeringste Erfahrung hat, noch schwerer fallen müssen, eine ihm vorgelegte Gewinn- und Verlustrechnung auf ihre Richtigkeit hin zu prüfen. Diesem Mangel könnte man zwar abhelfen, indem man die Prüfung durch eine von den Arbeitern eingesetzte sachverständige Kommission oder durch einen anerkannten öffentlichen Rechnungsführer vornehmen ließe. Aber auch so wird bei dem geringen Bildungsgrad der Leute, bei dem nun einmal von vornherein vorhandenen Mißtrauen gegen alles,

was der Unternehmer thut und unterläßt, sowie bei dem tief ein-
gewurzelten Hasse gegen die höherstehenden Klassen immer noch
im Arbeiter der Gedanke wachbleiben, daß der Unternehmer nicht
werde zu schlecht weggekommen sein, daß er sich wohl sein Interesse in der bekannten Weise werde zu wahren gewußt haben.
Dann aber dürfte auch eine solche Bekanntgebung des Geschäftsgewinnes dem Unternehmer mitunter sehr zuwider sein, da eine
Bloßstellung seiner finanziellen Lage sowie seiner Geschäftsführung
die schlimmsten Folgen nach sich ziehen kann, so Einblick der
Konkurrenz in den Geschäftsbetrieb, Verrat der Geschäftsgeheim-
nisse und Patente, Verrat der Absatzquellen, Verlust des Kredits
und dergl. mehr, oder aber es kann ein solches Bekanntwerden der
Höhe des Reingewinnes den Neid des Arbeiters jetzt, wo ihm die
Zahlen klar vor Augen stehen, wo er den ihm zufallenden Anteil
mit dem des Unternehmers ziffernmäßig vergleichen kann, noch in
einem viel höheren Grade erregen, als dies bisher der Fall gewesen
ist. Nun gar wenn einmal die Quote des Reingewinnes hinter der
Erwartung zurückbleiben sollte, die Fabrik vielleicht infolge un-
günstiger Konjunkturen einen geringeren Gewinn erzielt hat als
im vorigen Jahre oder als ein anderes Etablissement derselben
Branche, oder gar mehrere Jahre hintereinander von einem Gewinnanteil gar nicht die Rede sein kann, dann wird in vielen Fällen
jenes Mißtrauen in offener Feindschaft gegenüber dem Unternehmer
zum Ausdruck kommen. Es werden ihm die schärfsten Vorwürfe
gemacht, alles wird auf seine vermeintliche Unfähigkeit, Trägheit
und sein unreelles Handeln zurückgeführt werden. Bleibt aber der
Unternehmer trotzdem bei den etwa von den Arbeitern kritisierten
Maßregeln, so werden sie ihm vielleicht in einem für den
Bestand des Geschäftes schwerwiegenden Momente davonlaufen;
giebt er dagegen nach, so hat er seine Autorität verloren und
ist nicht mehr Herr in seinem eigenen Geschäfte. «Ein Verständnis für meine Bestrebungen», schreibt der Fabrikant WERT-
HEIM in seinem an den Verein für Sozialpolitk erstatteten Gut-

achten[1], «und das Bewußtsein, Beteiligte des Geschäftes zu sein,
gab sich nirgends kund. Überall das alte Mißtrauen und der feste
Glaube an die ungerechte Ausbeutung des Arbeiters durch das
Kapital. — Was man ihnen als freiwillige Zulage bietet, das sehen
sie nur als einen Teil dessen an, was ihnen unrechtmäßigerweise
vorenthalten wird. Denn der ganze Erfolg der Arbeit müßte ihnen
ja von Rechts wegen werden.» Auch die Zigarrenfabrik von MOEKEL
& KOLLMAR in Rülzheim[2] weiß zu berichten, daß als Resultat
der Gewinnbeteiligung Subordinationsvergehen sich bei ihr eingestellt haben. Die Arbeiter hätten sich als Herren der Fabrik
gefühlt, die wegen Widersetzlichkeiten Entlassenen hätten sich ge-
weigert, die Fabrik zu verlassen, bevor ihnen die schuldigen 5°/o
ausbezahlt seien. Dabei habe es nicht an böswilligen Bemerkungen
gefehlt, daß der Chef die Arbeiter nur deswegen entlasse, um die
5°/o zu sparen, daß man ihn einklagen würde etc.

Thatsächlich ist auch jenes Recht der Einsichtnahme der
Bücher und der Kontrolle der Geschäftsgebarung dem Arbeiter
nur in den allerseltensten Fällen eingeräumt worden. Ein solches
Zugeständnis an die Untergebenen wird fast allgemein widerraten
und als ein Punkt bezeichnet, über welchen sich gar nicht streiten
lasse, da das Ungeheuerliche und Gefährliche desselben auf der
Hand liege. Der Zimmermeister NIESS in Braunschweig[3] sagt, daß
die Einsichtnahme der Bücher nicht zu Dank gegen den Arbeitgeber geführt habe, sondern es sei ihm nur vorgehalten worden,
wieviel größer sein eigener Anteil sei. Die Bauunternehmer BAUR
& NABHOLZ in Zürich[4] klagen darüber, daß man den Arbeitern
keinen Einblick in das Geschäft gestatten könne, weil sie in den
Wirtshäusern herumraisonnierten und ausplauderten, an welchem

---

[1] Über Beteiligung der Arbeiter am Unternehmergewinn. Gutachten
auf Veranlassung des Vereins für Sozialpolitik, abgegeben von E. v. PLENER,
MAX WEIGERT, J. NEUMANN, J. WERTHEIM. Leipzig 1874.
[2] BÖHMERT, Nr. 65.
[3] BÖHMERT, Nr. 60.
[4] BÖHMERT, Nr. 61.

Bau oder Geschäft verloren oder gewonnen sei, wodurch der Kredit
des Unternehmers leide. In andern Fällen allerdings ist dem
Arbeiter ein solches Recht zugestanden worden, ohne daß mißliche
Folgen sich eingestellt hätten. So wählt im Hause LECLAIRE die
Generalversammlung der Elitearbeiter aus ihrer Mitte zwei Kom-
missäre, welche zusammen mit dem Präsidenten der gegenseitigen
Hülfsgesellschaft jedes Jahr Einsicht von dem Inventar nehmen,
ein Recht, welches allerdings hier auch eine gesetzliche Grundlage
hat, insofern als die Hülfsgesellschaft Kommanditistin des Geschäftes ist. Ähnlich verpflichteten sich die Walzwerke von Fox,
HEAD & Co. in Newport[1], die Rechnungen jährlich einem an-
erkannt tüchtigen, öffentlichen Rechnungsführer zur Prüfung vor-
zulegen. Sind nun auch in diesen und andern Unternehmungen
schlimme Folgen dieser Zugeständnisse ausgeblieben, so können
wir uns doch nicht des Gedankens erwehren, daß leicht Mißtrauen
und Feindschaft als Folgen sich einstellen und das Verhältnis
zwischen Arbeitgeber und Arbeitnehmer trüben könnten. Selbst
ALFRED DE COURCY, ein begeisterter Verfechter des Anteilsystems,
welcher durch Schriften und praktische Thätigkeit in der Geschichte
der Gewinnbeteiligung eine bedeutende Rolle spielt, glaubt auf
verschlossene Ohren bei den Industriellen zu stoßen, wenn er ihnen
vorschlagen würde, in den Statuten das Recht der Rechnungs-
prüfung und die Kontrolle der Geschäftsführung einzuräumen. «Die
zwei Delegierten», sagt er, «welche sich am 21. Juli in dem Bureau
des Herrn LECLAIRE einstellten, um Kenntnis vom Rechnungs-
abschluß zu nehmen, waren absolut unfähig, denselben einer ge-
nauen Durchsicht zu unterwerfen. Sie haben alles zutrauensvoll
bestätigt und hatten hierin auch recht. Aber wenn das Mißtrauen eines Tages sich der Arbeiter bemächtigen sollte, so würde
das eine vollständige Anarchie bewirken. Sie würden das Recht
auf ihrer Seite haben, sie würden Vorwürfe geltend machen,

---

[1] BÖHMERT, Nr. 33.

kritisieren, und der Geschäftsleiter müßte dabei sein Ansehen verlieren. Ich meinerseits würde diese Stellung niemals acceptieren
und niemand raten, dieselbe zu übernehmen[1].»

Es fragt sich jetzt nur noch, nachdem wir das Recht der
Kontrolle für unvereinbar mit Aufrechterhaltung der Geschäfts-
disziplin erklärt haben, ob dieses Recht einen integrierenden Bestandteil des Anteilsystems bildet. Strikte kann dies nicht behauptet werden, wie denn auch viele gelungene Fälle beweisen,
daß die Gewinnbeteiligung sehr wohl ohne die Gewährung eines
solchen Rechtes durchzuführen ist. Aber immerhin wird es den
anteilberechtigten Arbeitern sehr nahe liegen, ein solches Recht zu
beanspruchen, eine Möglichkeit, welche zu den schwersten Nach-
teilen unseres Lohnsystems zählt.

Aber auch ohne daß diese Befugnis dem Arbeiter eingeräumt
wird, kann der geringe Bildungsgrad desselben einen wesentlichen Hemmschuh bilden. Und gerade hierin liegt auch der
Grund, warum bisher doch nur in einem verhältnismäßig geringen
Umfang das System auf die Löhnung gewöhnlicher Arbeiter angewandt worden ist. Allgemein üblich ist es, wie oben erwähnt,
schon lange bei Arbeitern höherer Kategorie, welche selbständig
handeln müssen, von deren Umsicht der Geschäftserfolg daher wesentlich abhängt, wie bei kaufmännischen und technischen Direktoren,
Prokuristen und dergl. Bis aber, soweit es auf diesen Punkt ankommt, eine allgemeine Einführung des Anteilsystems auch bei
dem gewöhnlichen Lohnarbeiter möglich wird, müssen wir weitere
Verbreitung intellektueller und moralischer Erziehung abwarten.
Bislang ist der Durchschnitt unserer Arbeiter noch nicht genügend
gebildet, um zum Verständnis und zur Wertschätzung eines solchen
fortgeschrittenen Lohnsystems befähigt zu sein. «Wir wollen nicht
leugnen», sagt der Gerbereibesitzer DORGÉ in Coulommiers in
Frankreich[2], ein rühriger Anhänger des Systems, «daß seine An-

[1] Mitgeteilt bei BÖHMERT, Nr. 10.
[2] BÖHMERT, Nr. 11. GILMAN-KATSCHER, pag. 164.

wendung schwierig ist. Der Arbeiter ist weder durch seine Erziehung noch durch seine Bildung vorbereitet. Nur 20%/o der
Arbeiter besitzen eine solche Befähigung.» «Was dem Arbeiter
notthut», schreibt der Dirigent des Eisenwerkes Kaiserslautern[1],
dessen verschiedene Versuche mit der Gewinnbeteiligung einfach
infolge des Widerwillens und der Abneigung der Arbeiter miß-
glückt waren, «ist vor allem Verstandes- und Herzensbildung,
damit er begreifen und unterscheiden lernt, was ihm geboten wird,
und damit er wenigstens soviel Ehrgefühl zeigt, eine solche Gabe
auf eine anständige Weise behandeln zu können.»

Zwar haben wir unter den Vorzügen des Systems oben
erwähnt, daß die Gewinnbeteiligung geeignet sei, erziehend und
versittlichend auf den Arbeiter einzuwirken. Ohne daß wir hier
dies leugnen wollen, halten wir es aber doch für gewagt, die
Grundlage, auf welcher die Gewinnbeteiligung aufgebaut werden
könnte, erst durch die Wirkungen und Folgen dieses Lohnsystems
herstellen zu wollen. Vielmehr dürfte doch wohl besser auf andere
Weise an der sittlichen und wirtschaftlichen Erziehung sowie der
kulturellen Hebung unseres Arbeiterstandes weitergearbeitet werden,
um uns den richtigen Boden zu verschaffen, in dessen guter Erde
das Anteilsystem auch Früchte zeitigen kann.

Ebenso wie die Gewährung des Rechtes der Kontrolle ist auch
die Beteiligung des Arbeiters am Verluste der Unternehmung eine viel ventilierte Frage. Man deduziert folgender-
maßen. Genießt der Arbeiter in guten Jahren die Annehmlich-
keit, am Gewinn zu partizipieren, so kann es nur recht und billig
sein, ihn in schlechten Jahren auch am Verluste teilnehmen zu
lassen. Hierzu ist er aber unfähig, er besitzt nicht das nötige Kapital.
Demnach widerspricht ein solches System, das Rechte gewährt,
ohne eine entsprechende Gegenleistung des Berechtigten zusichern
zu können, den Anforderungen der Billigkeit, ist somit zu verwerfen.

[1] BÖHMERT, Nr. 29.

Wir hätten auf diesen Punkt eigentlich gar nicht weiter einzugehen, sondern könnten uns einfach mit dem Hinweis darauf
begnügen, daß, wie wir oben abgeleitet haben, die Gewinnbeteiligung nur anwendbar und ökonomisch zu rechtfertigen ist in
solchen Unternehmungen, in welchen eben von vornherein, abgesehen von Zeiten allgemeiner wirtschaftlicher Stagnation, das
Eintreten von Verlusten nicht zu erwarten ist, also in Geschäften
einmal von altem anerkannten Rufe, welche mit sicheren zu-
verlässigen Absatzquellen rechnen können und nicht erst im freien
Konkurrenzkampfe Absatz und Kundschaft sich zu erobern haben,
dann aber auch von einer Beschaffenheit des Betriebes, welche alles
Komplizierte und Schwierige in Leitung des Unternehmens gänzlich ausschließt. Jedoch es können ja auch Zweckmäßigkeitsgründe,
wie der Wunsch, einen Stamm treuer Arbeiter an sich zu ketten,
den sozialen Frieden seines Unternehmens durch die Gewinnteilung zu erkaufen, manchen Geschäftsherrn zur Einführung derselben bewogen haben, wenn auch die sonst erforderlichen Vorbedingungen, wie namentlich Unwahrscheinlichkeit des Eintretens
von Verlusten, nicht in genügendem Maße vorhanden waren. In
diesem Falle entsteht also die Frage, welche Stellung bei etwa sich
ergebenden Verlusten dem Arbeiter gegenüber einzunehmen sei.
Fast nirgends hat, wie die praktischen Versuche ergeben, jene von
der Theorie konsequenterweise verlangte direkte Inanspruchnahme
der Arbeiter zur Deckung von Verlusten stattgefunden. Dagegen
begegnen wir einer indirekten Teilnahme der Arbeiter am Verluste
überall insofern, als selbstverständlich in schlechten Jahren die
Gewinnanteile in Wegfall kommen. Weiter erstreckten sich aber
auch, behauptet man vielfach, die Verpflichtungen des Arbeiters
nicht. Denn der Angestellte verschaffe durch größeren Fleiß, erhöhte Achtsamkeit und Sparsamkeit einen über den landesüblichen
Gewinn hinausgehenden Mehrgewinn, aus welchem der Gewinnanteil geschöpft werde. Habe er so mehrere Jahre nacheinander
einen Gewinnanteil erhalten und habe er auch im letzten Jahre

gerade so eifrig wie früher an der Schaffung jenes Extrafonds gearbeitet, es sei aber infolge merkantiler Ursachen, auf welche er keinen Einfluß ausüben könne, der Gewinn ausgeblieben, oder gar Verlust eingetreten, so habe er einfach die Entschädigung dafür zu verlieren, daß er in dem letzten Jahre ebensogut gearbeitet und sich ebenso sehr angestrengt habe als in den vorhergehenden, d. h. er habe keinen Gewinnanteil zu erhalten. Darauf müsse aber sein Risiko beschränkt bleiben; es sei lediglich ein Arbeitsrisiko; ein Risiko, welches mit der Geschäftsgebarung verbunden sei, könne. er nicht teilen, weil er mit derselben nichts zu thun habe. Dieser Anschauung müssen wir vollständig beipflichten, aber nur insoweit, als der Arbeiter wirklich imstande ist, durch seinen erhöhten Fleiß, größere Sorgfalt, sparsameren Umgang mit dem Material etc. zu einer Erhöhung des Geschäftsgewinnes beizutragen. Nun ist aber, wie wir gesehen haben, in der Mehrzahl der modernen mit Anwendung von arbeitersparenden Maschinen betriebenen Großindustrieen, in welchen es außerdem soviel auf die kaufmännische Geschicklichkeit des Leiters ankommt, die Produktion eines solchen Extragewinnes einfach ausgeschlossen. Hat hier der Unternehmer in günstigen Jahren aus obigen Zweckmäßigkeitsgründen seinen Arbeitern, ohne daß ein Mehrgewinn von ihnen erzeugt worden ist, einen Anteil an seinem Gewinne bewilligt, so hat er darauf Verzicht geleistet, eine dem Gesamtgewinnanteil entsprechende Summe jährlich zurückzulegen und zu kapitalisieren, um so in Zeiten der Krisis einen Fonds zu besitzen, welcher ihn in den Stand setzt, jene zu überdauern; er könnte daher mit Fug und Recht verlangen, daß die Arbeiter in solchen Zeiten für ihn eintreten und ihm aus der Klemme helfen. Aber womit soll der Arbeiter solche Verluste decken? In vielen Unternehmungen begegnen wir daher zu diesem Zweck der Bildung eines obligatorischen Reservefonds, so z. B. in dem Pariser Malergeschäft Lenoir[1],

---

[1] Böhmert, Nr. 63.
Steinbrenner, Beteil. d. Arb.

welches 5% des jährlichen Reingewinns zur Ansammlung eines solchen Fonds auf die Seite legte, wovon 75% LENOIR, 25% den Arbeitern gehörten, so daß also letztere bei Inanspruchnahme dieses Fonds mit am Verluste beteiligt waren. Auch in dem Hause BILLON & ISAAC in Genf sind die Arbeiter insofern am Verluste beteiligt, als die Bildung des Reservefonds obligatorisch und statutarisch ist, und der dafür bestimmte Betrag von dem Geschäftsergebnisse in Abzug gebracht wird, ehe überhaupt ein Reingewinn zur Verteilung gelangt. Im Falle eingetretener Verluste muß der zu ihrer Deckung bestimmte Reservefonds erst wiederhergestellt sein, ehe wieder eine Gewinnverteilung erfolgen kann. Aber sehr oft, namentlich in Industrieen mit sehr schwankenden Geschäftsergebnissen, müßte ein solcher Fonds sehr stark dotiert sein, um allen Risiken gewachsen sein zu können. Als Folge ergäbe sich, daß der Gewinnanteil sehr klein ausfiele und somit den Arbeiter nicht sonderlich an das Unternehmen fesselte. Außerdem enthält das Verfahren noch eine gewisse Ungerechtigkeit gegen den am Gewinn beteiligten Arbeiter. Während der Unternehmer, welcher sich einen Reservefonds ansammelt, immer Eigentümer desselben bleibt, würde der Arbeiter, welcher aus irgend einem Grunde das Unternehmen verläßt, denjenigen Teil seines Gewinnes, welcher zugunsten des Reservefonds ihm entzogen worden ist, einfach verlieren und an seinen Nachfolger abtreten müssen. Daß hierin, namentlich bei Ansammlung eines sehr starken derartigen Fonds, eine gewisse Ungerechtigkeit liegt, muß doch zugestanden werden. Immerhin ist das Mittel der Bildung eines Reservefonds, welcher doch einige Garantieen bietet, in allen denjenigen Fällen zu empfehlen, wo der Arbeiter nichts oder nur wenig zur Erlangung eines Mehrgewinnes beizutragen vermag, und zugleich die Gefahr vorhanden ist, daß stärkere Verluste das Unternehmen heimsuchen mögen.

Weiterhin wird auch noch gegen die Gewinnbeteiligung als Einwand angeführt, daß, wenn in einer Fabrik den Arbeitern ein

Bonus ausbezahlt werde, notwendigerweise in gleichem Maße die
Löhne anderer ähnlicher Fabriken steigen müßten. Infolgedessen
würden die Preise eine Zeitlang in die Höhe gehen, was die Nachfrage verringere; mit dem darauffolgenden erhöhten Angebot würden
die Preise wieder sinken und die Löhne mit ihnen, so daß schließlich dieselben Löhne gezahlt würden, nur zu einem Teil als feste
Summen und zum andern als Bonus oder Anteil am Unternehmergewinn. ENGEL[1] führt dem gegenüber an, daß in jeder Werk-
statt, jeder Fabrik im Lande eine Summe gleichsam schlummernden
Geschäftstalentes verborgen sei, und nur der geeigneten Bedingungen bedürfe, um zu erwachen und sich zu entfalten. Die in-
dustrielle Produktion werde durch das Partnershipsystem ähnlich
steigen, wie die ländliche durch die Aufhebung des Feudalzwanges
gestiegen sei. Wir müssen diese Behauptung daraufhin richtig-
stellen, daß nur eine beschränkte Zahl Unternehmungen zu einer
solchen Mehrproduktion infolge der Gewinnbeteiligung fähig ist,
also zunächst nur in Bezug auf diesen Kreis von Geschäften der
obige Einwand seine Geltung verliert. In anderen Unternehmungen,
in welchen aus Opportunitätsrücksichten die Einführung der Gewinnbeteiligung erfolgt, wird letztere allerdings eine Erhöhung der
Produktionskosten bewirken. Ob aber deswegen andere Geschäfte
derselben Branche sogleich genötigt sein werden, den wenigen ver-
einzelten Fällen, wie sie es in Anbetracht des hier für die Gewinnbeteiligung durchaus ungünstigen Feldes doch immer bleiben werden,
mit einer Steigerung auch der von ihnen gezahlten Löhne nach-
zufolgen, dürfte mehr als zweifelhaft sein.

WEIGERT, welcher in seinem an den Verein für Sozialpolitik
erstatteten Gutachten mit besonderer Schärfe die gegen die Gewinnbeteiligung sprechenden Gründe dargethan hat, führt als einen
solchen noch an, daß das Anteilsystem, wie es die Autorität des
Unternehmers untergrabe und eine neue Quelle von Zwietracht und

---

[1] ERNST ENGEL, Der Arbeitsvertrag und die Arbeitsgesellschaft. Ar-
beiterfreund, Jahrgang 1867.

Mißgunst in dem ohnebin schon genug getrübten Verhältnis von
Unternehmer und Arbeiter schaffe, so auch für die Arbeiter selbst
eine solche werden könne, indem es eine Verschiedenheit des Einkommens desselben erzeuge und zwar keine ihren Fähigkeiten und
Leistungen entsprechende, sondern eine aus verschiedenen Glücks-
umständen herrührende. «Der Arbeiter in einer Fabrik mit den
besten neuesten Maschinen», sagt WEIGERT, «wird einen höheren
Gewinn ziehen als der in einem Etablissement beschäftigte, wo
dies nicht der Fall ist. — Wenn ein Unternehmer einen kleineren
Nutzen aus seinem Geschäfte zieht als ein anderer, so liegt dies
in der Differenz der Kapitalien und Fähigkeiten, also im Fehlen
industrieller, geistiger oder physischer eigener Kräfte. Der Arbeiter,
welcher trotz eifrigster, aufopferndster Arbeit es nicht soweit bringt
als vielleicht sein weniger befähigter Kollege in der nächsten besser
rentierenden Fabrik, wird nicht minder wie jetzt über die Un-
gleichheit der Güterverteilung klagen und mit Recht, da der blinde
Zufall sein Spiel treibt.» Auch dieser Einwand beruht teilweise
wieder auf der Voraussetzung, daß der Arbeiter nicht imstande ist,
durch erhöhten Fleiß das Geschäftsresultat zu beeinflussen, das
letztere vielmehr durch richtige Maßnahmen des Unternehmers
bedingt wird; teils deckt er sich mit dem, daß eintretende Verluste
den Bestand des Unternehmens gefährden könnten. Mithin kann
auch obige, von einem Praktiker herrührende Ausführung uns
wieder nur in unserer Ansicht bestärken, daß nur in gewissen
keinen größeren Risiken ausgesetzten Industrieen mit ins Gewicht
fallender Bedeutung der Handarbeit das Anteilsystem anwendbar
ist, abgesehen von Fällen, wo besondere Opportunitätsrücksichten
eine Ausnahme von der Regel bedingen.

Nicht zu unterschätzende Schwierigkeiten treten uns endlich
noch entgegen, was die praktische Durchführung, die Art
und Weise der Ordnung des Anteilsystems anbelangt.
Vor allen Dingen handelt es sich um die Auffindung eines richtigen Maßes für die Beteiligung der Arbeiter; und zwar werden

wir zuerst uns hier zu fragen haben, wie groß derjenige Teil des Reinertrags zu sein hat, welcher den Arbeitern in ihrer Gesamtheit zufallen soll. In einer Unternehmung, wo gesteigerter Fleiß und gesteigerte Achtsamkeit des Arbeiters zu einer Erhöhung des Reinertrags beizutragen vermögen, wäre zunächst der Reingewinn zu ermitteln in einem Jahre mittlerer Güte, wo das System noch nicht eingeführt war, und der Arbeiter jenes durchschnittliche Maß von Eifer an den Tag legte, wie man es von einer weiter nicht interessierten Person nicht höher verlangen kann; dann der Reingewinn in ebenfalls einem Jahre mittlerer Güte, welches aber schon die Vorteile des Anteilsystems genossen hatte. Die zwischen beiden Reinerträgnissen sich ergebende Differenz wäre allein von dem Arbeiter hervorgebracht und zeigte somit den Höchstbetrag an, über welchen hinaus zugunsten der Arbeiter nicht verfügt werden kann. Sollte dagegen die Gewinnbeteiligung eingeführt werden in einem Unternehmen, welches einen solchen Einfluß der Arbeiter auf den Geschäftsgewinn nicht zuläßt, aus dem Grunde etwa, weil der Geschäftsherr sich ein befriedigendes Verhältnis zu seinen Arbeitern sichern will, dann ist die Bestimmung des Teiles des Reingewinnes, welchen die Arbeiter erhalten sollen, mehr oder. weniger dem Gutdünken und der Willkür des Unternehmers überlassen. Dieser allein kann wissen, wieviel er noch seinen Arbeitern zu geben braucht, um sich damit den sozialen Frieden in seinem Etablissement zu erkaufen.

Aber auch wenn die Gesamtquote gefunden ist, eröffnet sich eine neue Schwierigkeit, die Verteilung derselben unter die einzelnen Anteilberechtigten. Hier dürfte das nächstliegende sein, jeden nach Maßgabe seiner Löhne an dem der Arbeit zugewiesenen Bonus partizipieren zu lassen, wobei billigerweise noch ein Unterschied zu machen wäre zwischen Zeit- und Akkordlöhnen, insoweit beide nebeneinander in einer Unternehmung bestehen, indem erstere in höherem Grade teilzunehmen hätten als letztere, welche schon eine Tantième in sich schließen. Bei Zugrundelegung der Lohnbezüge würden so die Arbeiter mit gleichen Löhnen auch gleiche Anteile erhalten und umgekehrt. Jedoch man muß sich darüber klar werden, daß gleiche Löhne durchaus noch nicht die gleiche Anteilnahme an der für das Geschäft gedeihlichen Thätigkeit bedeuten, wie trotz gleicher Löhne die Arbeiter infolge der verschiedenen Qualität ihrer Arbeitsleistung in verschiedenem Maße zur Wertschaffung, namentlich zur Erzeugung jenes Mehrgewinnes, soweit er möglich, beizutragen imstande sind. PLENER in seinem an den Verein für Sozialpolitik erstatteten Gutachten weist darauf hin, wie wegen allgemeiner oder örtlicher Lohnverhältnisse der Lohn von Hülfsarbeitern, wie Maschinenheizern, zeitweise wenigstens mit dem von gelernten Arbeitern, wie Webern oder Spinnern, ziemlich gleichstehe, und dennoch sollte der Gewinnanteil der letzteren größer sein, da ihre Mitwirkung bei Herstellung des Produktes eine bedeutendere ist; ferner wie der technische Arbeiter, wie der Formstecher oder Kolorist in Kattundruckereien, zwar einen hohen Lohn bezöge, wie aber oft hauptsächlich von seiner Geschicklichkeit die Beliebtheit und der große Absatz der Ware und damit die Größe des Geschäftsgewinnes abhänge, sein Gewinnanteil daher mit einem höheren Betrage angesetzt werden müsse als der anderer Arbeiter, welche in dem gleichen Unternehmen denselben Lohn erhielten. Gerade wenn hier der Lohn solche feinere Unterschiede mit zu berücksichtigen nicht vermag, sollte man doch das sich darbietende Mittel der Gewinnbeteiligung dazu verwenden, etwa nicht ganz billige Lohnsätze auf ihr richtiges Maß zu erhöhen oder zu reduzieren. Bis zu einem gewissen Grade läßt sich ja auch dieser Grundsatz befolgen, läßt sich die besondere Tüchtigkeit des einzelnen, sein besonderer Einfluß auf die Gestaltung der Produktion durch einen höheren Gewinnanteil vergüten, als ihn andere erhalten, welche im übrigen mit den gleichen festen Bezügen angestellt sind. Aber unter allen Umständen hier das richtige Maß zu treffen, einem jeden volle Gerechtigkeit widerfahren zu lassen, dürfte ebenso unmöglich sein, wie einen gerechten naturgemäßen Arbeitslohn zu finden. Als notwendige Voraussetzung für eine in jeder Beziehung billige und allen Ansprüchen genügende Durchführung des Anteilsystems ergiebt sich daher die Erfordernis des Vorhandenseins einer nicht nur für das Endergebnis der Produktion bedeutungsvollen Handarbeit, sondern auch noch die des Vorhandenseins einer möglichst gleichmäßigen Handarbeit in ein und demselben Unternehmen.

Am leichtesten machen sich diejenigen Firmen die Sache, welche an alle Anteilberechtigten gleiche Anteile auszahlen. Allein hierin liegt eine offenbare Ungerechtigkeit, indem die oben geforderte Berücksichtigung der individuellen Verhältnisse einfach vernachlässigt wird. In der größten Mehrzahl der Fälle erfolgt die Verteilung im Verhältnis zur Höhe des Lohnes. Daneben finden wir in dem billigen Bestreben, treuen Arbeitern, welche schon lange dem Unternehmen dienen, eine besondere Gratifikation zukommen zu lassen, auch noch das Dienstalter mit in Betracht gezogen. Mitunter wird auch der Versuch gemacht, die besondere Tüchtigkeit des einzelnen, seine besonderen Leistungen in dem oben besprochenen Sinne zu berücksichtigen. Manche Firmen endlich lassen eine Kombination dieser verschiedenen Bemessungsgrundlagen eintreten.

Ferner muß die Frage beantwortet werden, ob alle Arbeiter eines Unternehmens anteilberechtigt sein sollen, oder ob noch einmal eine besondere Auswahl unter ihnen stattzufinden hat. Ersteres Prinzip verfolgt z. B. auf das genaueste das Haus Leclaire[1]. Nicht einmal die Lehrlinge oder die vorübergehend beschäftigten Personen gehen hier leer aus; hieran wird strengstens festgehalten. So bekam im Jahre 1881 ein Arbeiter, welcher nur $4^{1}/_{2}$ Stunden verwendet worden war und 3,4 Frcs. Lohn empfangen hatte, einen Gewinnanteil von 70 Cts. Meist jedoch wird die Zulassung zum Genusse des Anteilsystems an die Erfüllung gewisser Bedingungen

---

[1] Gilman-Katscher, pag. 66.

geknüpft. Einmal wird eine bestimmte Zeit festgesetzt, welche man im Geschäfte thätig gewesen sein muß; dieselbe erstreckt sich in den uns bekannten Firmen von zwei Monaten bis auf fünf Jahre und beträgt meistenteils ein Jahr. Daneben wird öfters auch noch nach untenhin eine Altersgrenze aufgestellt. In manchen Etablissements werden besonderer Fleiß, Tüchtigkeit und gutes Betragen verlangt. Wieder andere Geschäfte lassen nur diejenigen Arbeiter zur Gewinnbeteiligung zu, welche verantwortliche Stellen bekleiden, wie die Aufseher, Werkmeister und ältesten Arbeiter. Hie und da müssen sich auch die Arbeiter über Zugehörigkeit zu einem gegenseitigen Hülfsverein ausweisen können, wahrscheinlich um eine zweckmäßige Verwendung der Gewinnanteile zu sichern. Unternehmungen, welchen es hauptsächlich um einen Stamm tüchtiger Arbeiter zu thun ist, beteiligen eine bestimmte Zahl, die sie für die besten halten und die sie unter allen Umständen beschäftigen zu können glauben. Im großen und ganzen lassen sich hier keine festen Regeln aufstellen. Es läßt sich nur sagen, daß die Wartefrist, während welcher der Arbeiter noch nicht anteil-berechtigt ist, nicht zu lange ausgedehnt werden darf, da eine allzulange Zeit die Angestellten ungeduldig machen dürfte. Sonst wird am besten bei Normierung solcher Bedingungen jeder Arbeitgeber die besonderen Bedürfnisse seines Geschäftes oder seines Betriebes zur Richtschnur nehmen, um so das System den jeweiligen Notwendigkeiten seiner Firma anzupassen.

Große Mannigfaltigkeit herrscht endlich in der Art und Weise, wie die Anteile ihren Empfängern zugewendet werden. Wir unterscheiden hier individuelle und kollektive Gewinnbeteiligung. Im letzteren Falle wird der für den Bonus der Arbeit bestimmte Teil des Reinertrags nicht in Einzelanteile, welche jedem einzelnen zugute kommen, aufgeteilt, sondern zu allerlei praktischen Einrichtungen verwandt, welche von der Gesamtheit der Arbeiter benützt werden können. So verausgabt die Schafwollenmanufaktur Rossi in Schio in Italien 5 % des Geschäftsgewinnes jährlich zur

Erhaltung oder Unterstützung einer Kleinkinderbewahranstalt, einer
Elementarschule, einer Hülfs- und Pensionskasse, eines Konsum-
vereins, Theaters, Turnvereins u. dergl. mehr. Am wohlthätigsten
dürfte wohl von allen diesen Einrichtungen die einer Hülfs- und
Altersversicherungskasse wirken, welche mit dem Gewinnanteile
gespeist wird und den Zweck verfolgt, alte und in Not geratene
Arbeiter zu unterstützen. Auch im Hause LECLAIRE, wo zwar das
ganze Personal schon anteilberechtigt ist, besteht doch noch außerdem eine gegenseitige Hülfsgesellschaft, gebildet aus den Elite-
arbeitern, welche also außer den Vorteilen der individuellen auch
die der kollektiven Gewinnbeteiligung genießen. Der Kasse dieser
gegenseitigen Hülfsgesellschaft fallen jährlich 25°/o des Reingewinns
zu. 1889 zählte der Verein 120 Mitglieder und hatte ein Vermögen von mehr als $2^1/_4$ Millionen Frcs.; mit 400 000 Frcs. ist
er Kommanditär des Geschäftes. Er zahlt an Mitglieder, welche
das fünfzigste Lebensjahr zurückgelegt haben und seit 20 Jahren
bei der Firma angestellt sind, jährliche Pensionen von 1200 Frcs.
und solche von 600 Frcs. an die Witwen verstorbener Mitglieder.

Jedoch das kollektive Eigentum ist lange nicht imstande, einen
solchen Reiz auszuüben wie das individuelle; wir werden daher
auch der direkten Gewinnbeteiligung den Vorzug geben, wo jeder
Berechtigte seinen besondern Anteil an dem der Arbeit zufallenden
Gesamtbonus erhält. Dieser Anteil kann entweder sofort bar oder
in Form eines aufgesammelten Kapitals erst nach Ablauf kürzerer
oder längerer Zeiträume ausbezahlt werden. Von vielen Unternehmern wird erstere Form vorgezogen, weil sie nur dann den
Arbeiter zu reger Thätigkeit anspornen zu können glauben, wenn
ihm der Gewinnanteil nahegelegt und nicht in unbestimmte Ferne
hinausgerückt wird, oder auch weil sie es mit der Achtung der
Würde und Unabhängigkeit der Arbeiter für unvereinbar halten,
sich in ihre privaten Verhältnisse einzumengen, sie zu bevor-
munden, ihnen nicht die Freiheit zu lassen, über das Erworbene
nach besten Ermessen zu verfügen. Bei einem intellektuell nicht

besonders hochstehenden Arbeiter dürfte die Barzahlung allerdings
aufmunternder wirken. Verwendung zu Altersversicherungskassen
oder zur Kapitalisation bieten nicht Anreiz genug für den gewöhnlichen Mann, welcher zwar eine Altersversicherung willkommen
heißt, am liebsten aber doch den Bonus in barem empfängt. Dagegen bei geistig höherstehenden Angestellten, wie den Beamten
einer Versicherungsanstalt, einer Bank, den Kommis eines Hand-
lungshauses, zeigt sich als von großer Wirksamkeit, namentlich was
die Fesselung des Personals anbelangt, das COURCY'sche System der
Kapitalansammlung. COURCY, Direktor der allgemeinen Versiche-
rungsgesellschaft in Paris[1], legt jährlich 5 % des Nettogewinnes in
eine Versicherungskasse; auf den Namen eines jeden Anteilberechtigten wird ein besonderes Konto eröffnet und diesem die jeweiligen
Gewinnanteile desselben gutgeschrieben; die 4 prozentigen Zinsen
der Guthaben werden zum Kapital geschlagen, und dieses wird
nach 25 Dienst- oder 60 Lebensjahren verwandt zur Stiftung einer
Rente oder zum Ankauf französischer Rententitel oder Bahn-
obligationen, welche bis zum Tode des Betreffenden in der Gesell-
schaftskasse aufbewahrt und dann seinen Erben ausgehändigt
werden. So hinterließ ein Buchhalter, welcher nach 14 Dienst-
jahren starb, ein Guthaben von 12 000 Frcs.; ein Hülfskassierer
erwarb in 25 Jahren einen Anspruch auf mehr als 20 000 Frcs.,
und einem hohen Beamten hatte die Kasse bei Ablauf der vor-
geschriebenen Zeit sogar 60 000 Frcs. gutschreiben können. Das
System von COURCY ist denn auch häufig nachgeahmt worden, so
vom BELGISCHEN LLOYD in Antwerpen[2], der PREUSSISCHEN GRUND-
KREDITBANK in Berlin, dem Hause AU BON MARCHÉ in Paris, dem
Druckereigeschäft GASTÉ in Paris und andern. Ähnlich überweist
die Kartonnagefabrik von ADLER in Buchholz[3] den Betrag an die
städtische Sparkasse, um ihn dort für das Alter der Angestellten

---

[1] BÖHMERT, Nr. 76. GILMAN-KATSCHER, pag. 231.
[2] BÖHMERT, Nr. 78. GILMAN-KATSCHER, pag. 232.
[3] BÖHMERT, Nr. 53.

anzusammeln. Auch die Thünen'sche Gutswirtschaft zu Tellow[1] in Mecklenburg schreibt den Betrag jedem einzelnen Arbeiter gut, um das so erworbene Kapital nach Zurücklegung des 60. Lebens- jahres auszuzahlen. Andere Firmen, wie das Familisterium in Guise, Billon & Isaac in Genf, zahlen den Gewinnanteil ebenfalls nicht bar aus, sondern verwenden ihn zum Ankauf von Geschäfts- anteilen, um so die später noch zu besprechende Arbeitsgesellschaft herbeizuführen.

Im allgemeinen müssen wir das zuletzt besprochene System der Kapitalansammlung dem der sofortigen baren Auszahlung oder der kollektiven Gewinnteilung in der Form von Hülfs- und Alters- kassen vorziehen. Für letztere Fälle ist ohnehin bei uns in Deutschland schon durch die öffentliche Zwangsversicherung gesorgt. Sofortige bare Auszahlung aber wird in den meisten Fällen eine Verzettelung des Anteils oder eine Verausgabung für unnütze Zwecke zur Folge haben. Es soll aber doch als einer der Haupt- vorteile des Anteilsystems der erzielt werden, daß dem Arbeiter Gelegenheit zum Sparen gegeben wird, er in die Lage versetzt wird, sich allmählich aus dem Stande eines besitzlosen Proletariers zu dem eines kleinen Kapitalisten oder Hausbesitzers empor- zuarbeiten. Die einer solchen segensreichen Wirkung im Wege stehende Kurzsichtigkeit des Arbeiters, welche ihm das Verständnis für ein richtiges Haushalten nimmt und ihm den in der Zukunft sich eröffnenden Vorteil als gering erscheinen läßt, ist allerdings eine beklagenswerte Thatsache; um aber besagten Zweck doch einigermaßen zu erreichen, dürfte es sich empfehlen, dem gewöhn- lichen Arbeiter den Anteil zur Hülfte bar auszuzahlen, um ihn so überhaupt für das System zu gewinnen, die andere Hälfte dagegen zur Kapitalisierung zu verwenden. Allerdings da, wo der nötige Sparsinn und die nötige moralische Kraft, auf den sofortigen Ge- nuß des Anteils zu verzichten, beim Arbeiter vorhanden sind,

---

[1] Böhmert, Nr. 13.

würden wir immer die Ansammlung des ganzen Anteils zum all-
mählichen Erwerb eines kleinen Kapitals vorziehen.

Um zu rekapitulieren, so mußten wir als wesentliche Nachteile des Systems verzeichnen die etwa möglich werdende Ein-
mischung des Arbeiters in die Geschäftsführung und die damit
verbundene Gefährdung der Autorität des Geschäftsinhabers, die
Mißlichkeiten verlustbringender Jahre, den geringen Bildungsgrad
unserer heutigen Lohnarbeiter, sowie die bei der praktischen Durchführung der Gewinnbeteiligung sich ergebenden Schwierigkeiten,
wie namentlich die Unmöglichkeit, die individuelle Einwirkung des
einzelnen auf den Produktionserfolg in dem erforderlichen Maße
zu berücksichtigen.

Was den ersten Punkt anbelangt, so ist, wie wir gesehen
haben, dem Arbeiter nur höchst selten ein solches Recht der
Kontrolle eingeräumt worden, als essentiellen Bestandteil des Anteilsystems konnten wir es daher nicht betrachten. Wenn nun auch
die Gefahr einer immerhin möglichen Beanspruchung dieses Rechtes
vonseiten des Arbeiters nicht geleugnet werden soll, so möchten
wir doch anderseits darauf hinweisen, daß hier auch in der
Tendenz, die Berechtigung der Gewinnbeteiligung völlig zurückzuweisen, vielfach übertrieben worden ist, die Dinge gern in einem
schwärzeren Lichte dargestellt worden sind, als sie wirklich erscheinen. Weiterhin war die Frage der Verlustbeteiligung für uns
eigentlich eliminiert, da wir derartige größeren Risiken ausgesetzte
Unternehmungen von der Anwendung des Anteilsystems von vornherein ausgeschlossen wissen wollten; in den Fällen, wo man trotzdem aus irgend welchen Zweckmäßigkeitsgründen, wie Verfügung
über ständige Arbeiter, Vermeidung von Strikes, sich der Gewinnbeteiligung bedient hatte, sahen wir einen genügenden Schutz in
der Ansammlung eines Reservefonds. Den letztgenannten Schwierigkeiten endlich, wie sie die thatsächliche Durchführung des Systems
mit sich bringt, läßt sich, wie wir gesehen haben, zwar nicht in
erschöpfendem Maße, aber doch meist in genügendem Grade in

anderweitiger Weise begegnen, so daß als hauptsächlich geltend zu
machender Einwand schließlich nur noch der geringe Bildungsgrad
unseres Arbeiterstandes übrig bliebe. In ihm gipfelt in letzter
Linie auch der Vorwurf einer Gefährdung der Autorität des Geschäftsherrn, da gerade der rohe und ungebildete Arbeiter, welchem
jegliches Verständnis und jegliche Einsicht in das Gebaren der
Geschäftsleitung abgeht, überall glauben wird, daß man ihn be-
trogen und an seinem Anteil verkürzt habe, und infolgedessen in
Vorwürfen und Schmähreden gegen seinen Chef sich ergehen wird.

Dieser Faktor der niedrigen Bildungsstufe unserer Arbeiter wird
daher überall, wo man einen Versuch mit dem Anteilsystem an-
stellen will, schwer zu denken geben. Denn was nützt es, auf alle
die Vorteile der Gewinnbeteiligung hinzuweisen, welche sie beiden
Teilen, Arbeitgebern und Arbeitnehmern, darbietet, wenn wir nicht
erwarten können, bei letzteren dasjenige Maß von Verständnis und
Interesse anzutreffen, welches zur Schätzung eines solchen fortgeschrittenen Lohnsystems ganz unerläßlich ist. Als notwendige
Vorbedingung für Anwendbarkeit der Gewinnbeteiligung müssen wir
daher das Vorhandensein eines intelligenten, gebildeten und verständigen Arbeiterstandes aufstellen, welcher das, was ihm Gutes
und Nützliches geboten wird, auch wirklich zu würdigen imstande ist.

Überblicken wir nun das bisher Gesagte über Vorteile und
Nachteile des unserer Erörterung unterworfenen Lohnsystems, so
wird das Resultat unserer Betrachtungen dahin zusammenzufassen
sein, daß im allgemeinen ein wirtschaftlicher Anspruch der gewöhnlichen Lohnarbeiter auf einen Teil des Unternehmergewinnes
nicht besteht, daß aber in einer Reihe besonderer Fälle bei Zu-
treffen gewisser unerläßlicher Voraussetzungen die Gewinnbeteiligung mit Erfolg angewandt werden kann. Als
solche Vorbedingungen aber erkannten wir im Laufe unserer Untersuchung einmal die Möglichkeit für den Arbeiter, einen genügenden
Einfluß auf das wirtschaftliche Gelingen der Produktion aus-

zuüben, also Beschäftigung desselben in einem seit langer Zeit
schon reüssierenden Unternehmen mit gleichmäßigem, stabilem
Gang der Geschäfte, höchster Einfachheit der Direktion und nicht
in Betracht kommenden Verlustgefahren, ferner das Vorhandensein
einer möglichst hohen Bedeutung der Handarbeit für den technischen Erfolg des Unternehmens, also Verwendung der Arbeiter
in Geschäften, in welchen die Lohnbeträge den größeren Teil der
Produktionskosten ausmachen, weiterhin das Vorhandensein einer
möglichst gleichmäßigen Handarbeit in ein und demselben Unternehmen und endlich die Verfügung über einen intelligenten und
verständigen Arbeiterstand, welcher die ihm eingeräumte Stellung
eines Anteilberechtigten nicht mißbraucht, um sich gegen die
Autorität seines Geschäftsherrn aufzulehnen, und welcher auch
durch erst in der Zukunft sich ihm eröffnende Vorteile zu größerem
Fleiße anzuspornen ist.

Dieses Ergebnis unserer Darstellung zeigt, daß wir der Ansicht
derer nicht beistimmen können, welche im Namen der Gerechtigkeit die Einführung der Gewinnbeteiligung in alle Unternehmungen
fordern und welche wie ERNST ENGEL, VON THÜNEN u. a. die Lösung
der sozialen Frage in derselben erblicken; aber auch daß wir die
ebenfalls zu extremen Ansichten derer zurückzuweisen haben, die
der Gewinnbeteiligung jegliche Berechtigung absprechen und sie
daher im praktischen Leben für unausführbar halten. Wir lassen
vielmehr dem Anteilsystem einen gewissen, allerdings nur engen
Raum zur Verfügung, auf dem es thätig werden kann. Aber auch
auf diesem nicht allzu weiten Gebiete, innerhalb dessen die Gewinnbeteiligung ihre Wirkungen zu entfalten vermag, nicht als ein Un-
ding betrachtet zu werden braucht, steht sie nicht allein da, so
daß sie ungehemmt ohne irgend welche Schwierigkeiten festen Fuß
fassen könnte, vielmehr tritt sie auch auf diesem Terrain in Konkurrenz mit andern im Hinblick auf die einfache Zeitlöhnung
ebenfalls weiter fortgeschrittenen Lohnarten, und es frägt sich, ob
sie diesen Existenzkampf siegreich bestehen wird oder ob sie in

ihm unterliegen muß. Es wird daher zum Schlusse unsere Erörterung noch zu zeigen haben, ob die Wirkungen der Gewinnbeteiligung nicht geradesogut oder noch besser durch andere Lohn-
systeme erreicht werden können.

Als wesentliche Vorzüge des Anteilsystems haben wir kennen
gelernt Hebung des Arbeiters in ökonomischer, moralischer und
sozialer Beziehung, Steigerung der Menge der Arbeitsleistungen,
Erhöhung der Qualität der Arbeitsleistungen, sparsamen und
schonenden Umgang mit Rohmaterial und Maschinen, gegenseitige
Kontrolle, Fesselung der Arbeiter ans Geschäft, Vermeidung von
Arbeitseinstellungen und somit das Einziehen eines befriedigenden
Verhältnisses zwischen den leitenden und ausführenden Kräften.

Um nun der Reihe nach auf die hier aufgezählten Momente
einzugehen, so lassen sich Verbesserung der wirtschaftlichen, pe-
kuniären Verhältnisse des Arbeiters und im Gefolge davon Hebung
desselben in sittlicher und sozialer Hinsicht in gleicher Weise
durch jede Lohnerhöhung, jede Vermehrung seines Einkommens
herbeiführen, einerlei ob letztere auf die Gewinnbeteiligung oder
auf einen andern Umstand wie Prämien, Gratifikationen u. dergl.
zurückzuführen ist. Fernerhin gesteigerter Fleiß und infolgedessen
Vermehrung der Produkte können durch Stückarbeit oder eine
ähnliche verwandte Lohnart wie Gruppenakkord, Akkordmeistersystem, Stück- oder Erzeugnisprämien ebensogut erzielt werden
wie durch das Anteilsystem. Der beste Beweis hierfür ist darin
zu finden, daß in allen den Betrieben, wo bei Einführung des
Anteilsystems die Stückarbeit schon länger in Übung war, als Folge
desselben obige Wirkungen nirgends mehr zu verspüren waren,
indem eben durch den Akkordlohn der Fleiß schon auf das äußerste
erreichbare Maß angestrengt worden war. Namentlich die erwähnten Stück- und Erzeugnisprämien vermögen in dieser Beziehung äußerst erfolgreich zu wirken. Gewöhnlich wird bei ihnen
ein sog. Normalarbeitsquantum festgesetzt, welches innerhalb bestimmter Zeit zu leisten ist. Für jedes Stück oder für eine be-

stimmte Produktenmenge, die darüber hinaus hergestellt ist, werden Prämien gezahlt. So versprach z. B. der französische Papier- fabrikant LA ROCHE-JOUBERT, Besitzer der PAPETERIE COOPÉRATIVE in Angoulême, seinen Leuten, jedem von ihnen für jede über 25000 hinaus erzeugten 1000 kg monatlich einen Franc zu geben. Alsbald trat die wahre Leistungsfähigkeit der Maschinen und des Personals zutage. Die fast stationär gebliebene Erzeugnismenge stieg rasch auf 45—50000 kg, sank niemals mehr auf das frühere geringere Quantum zurück, und die Arbeiter sahen ihr Einkommen um mehr als durchschnittlich 40°/o erhöht, Erfolge, wie sie größere sicherlich die Gewinnbeteiligung auch nicht aufzuweisen hat. Letztere sicherte in solchen Fällen nur dem Unternehmer die er- forderliche Qualität der Arbeitsleistungen, welche ja bekanntlich bei der Stückarbeit und verwandten Lohnarten aus naheliegenden Gründen sehr leidet. Aber auch diese höhere Güte der Produkte können wir uns durch Qualitäts- oder Güteprämien ebensogut wie durch das Anteilsystem verschaffen; ihre Verbindung mit der Stückarbeit gewährt uns dieselben Vorzüge wie die der Gewinn- beteiligung mit der Akkordlöhnung. Auch die so vielfach gerühmte Ersparnis am Material, der schonende Umgang mit den den Ar- beitern anvertrauten Werkzeugen und Maschinen sind keine einzig und allein der Gewinnbeteiligung eigentümlichen Wirkungen, sondern lassen sich durch sogenannte Ersparnisprämien ebensogut herbei- führen. Zur Erzielung einer gegenseitigen Kontrolle der Arbeiter haben vor allem Gruppenakkord und Akkordmeistersystem sich als ein geeignetes Mittel bewährt, wenn sie im allgemeinen auch nur zur Anwendung gelangen können, wo es sich um Leistungen handelt, welche ein Zusammenwirken mehrerer Arbeiter gestatten. Auch um die Verfügung über willige und stabile Arbeitskräfte zu erlangen, um den Arbeiter an das Geschäft zu fesseln, giebt es noch andere in gleicher Weise zum erwünschten Ziele führende Wege wie das Anteilsystem. Gratifikationen, welche dem Arbeiter beim Eintritt ins Unternehmen in Aussicht gestellt werden, wenn

er eine Zeitlang ununterbrochen in demselben arbeitet, oder die
Bestimmung, daß die dem Arbeiter gewährten Stück-, Güte- und
Ersparnisprämien erst nach längerem Verbleiben im Dienste er-
hoben werden dürfen, und andere ähnliche Festsetzungen können
den Arbeiter geradesogut veranlassen, längere Zeit ein und demselben Unternehmen zu dienen. Namentlich muß dabei in Er-
wägung gezogen werden, daß auch die Gewinnbeteiligung diese
Vorteile, abgesehen von einigen wenigen Fällen, wo äußerst hohe
Anteile gezahlt werden können, nicht schon durch die dem Arbeiter
gewährten und verheißenen Anteile an und für sich erreicht,
sondern nur durch Festlegung derselben d. h. durch Auszahlung
derselben erst dann, wenn der Arbeiter ein bestimmtes Dienst- oder
Lebensalter erreicht hat. Dabei fehlt nirgends in den Statuten
derartiger Geschäfte ein Paragraph, welcher den Arbeiter bei un-
motiviertem Austritt aus dem Unternehmen vor jener Zeit der von
ihm erworbenen Anteile verlustig gehen läßt. Also nur die Furcht
des Angestellten, er werde seinen mühsam erarbeiteten Anteil verlieren, nicht an und für sich das hohe Interesse, welches er dem
ihn beschäftigenden Unternehmen entgegenbringt, veranlassen ihn,
einen Wechsel seines Arbeitgebers zu vermeiden. Die Erweckung
einer solchen Befürchtung aber ist wieder nicht etwas, was nur
dem Anteilsystem eigen wäre, sondern dürfte durch die oben erwähnte Festlegung von Gratifikationen und Prämien sich geradesogut erreichen lassen.

Solche Akkordlöhne, Stück-, Güte- und Ersparnisprämien
sowie Gratifikationen erweisen uns also dieselben Dienste wie die
Gewinnbeteiligung, ja sie haben vor denselben noch den Vorzug,
daß sie den Zusammenhang der Mehreinnahme mit der besseren
und intensiveren Arbeitsleistung viel deutlicher zutage treten lassen,
daher auch nur demjenigen Arbeiter die Mehreinnahme zukommen lassen, welcher sie wirklich verdient hat. Bei der
Gewinnbeteiligung dagegen wird die Erkenntnis jenes Zusammen-
hangs sehr leicht verwischt, werden alle Arbeiter infolgedessen ohne

Rücksicht auf ihr individuelles Verdienst mit Gewinnanteilen bedacht, wird in dem Arbeiter dadurch leicht die Vorstellung wachgerufen, als müßten ihm jene Anteile unter allen Umständen aus-. bezahlt werden, und er somit leicht zur Insubordination verleitet, da sein geringer Bildungsgrad ihn nicht begreifen läßt, daß nur unter gewissen Voraussetzungen der Geschäftsherr, ohne seine Produktionskosten erhöhen zu müssen, die Anteile zu gewähren vermag. Auch bieten jene Lohnarten eine viel größere Sicherheit, daß die Vorteile der bessern Arbeitsleistung dem Arbeiter wirklich zugute kommen und nicht bei schlechten Konjunkturen, welche er nicht verschuldet hat, wegfallen. Kurz, die Hauptvorteile der Gewinnbeteiligung wären erreicht, ihre Nachteile dagegen wie Gefährdung der Autorität des Leiters, Mißlichkeiten der verlustbringenden Jahre, Konflikte mit der geringen Bildungsstufe der Arbeiter, sowie zu geringe Berücksichtigung der Individualität des einzelnen hätte man in glücklicher Weise vermieden.

Wenn endlich noch Enthaltung von Arbeitseinstellungen, Vermeidung von Lohnstreitigkeiten und anderen mißliebigen Erörterungen über strittige Arbeitsverhältnisse, sowie im Gefolge davon das Einziehen eines befriedigenden Verhältnisses zwischen den leitenden und ausführenden Kräften eines Unternehmens als günstige Folgen der Gewinnbeteiligung erwartet werden, so hat man hier vielfach in der Begeisterung, welche das Anteilsystem bei seinem ersten Erscheinen hervorgerufen hat, sich überschwänglichen Vorstellungen hingegeben und nicht geringe Übertreibungen sich zuschulden kommen lassen. Man wird vielmehr viel besser sich der Ansicht zuwenden, daß bei dem heute unter den Arbeitern herrschenden Klassengeist, bei dem großen Fortschritt, welchen die sozialistische Agitation unter ihnen gemacht hat, und bei der großen Willfährigkeit sowie fast sklavischen Unterwürfigkeit, mit welcher sie sich blindlings allen Befehlen und Wünschen der Parteiorgane unterordnen, die Arbeiter, wiewohl ihnen die Gewinnbeteiligung einen mit Steigen der Geschäftsergebnisse entsprechend

sich erhöhenden Lohn zusichern würde, doch einer etwa in Schieds·
gerichten gipfelnden Organisation, überhaupt einer Organisation,
welche sie zu keinem Dank gegen die Unternehmer verpflichtet,
welche sie vielmehr auf Grund ihrer eigenen Kraft erlangt zu
haben glauben, den Vorzug geben werden. Ja, es lehrt uns weiterhin die Erfahrung der von Böhmert mitgeteilten Fälle Briggs[1]
in England und Brewster[2] in New-York, daß die Arbeiter lieber
das Anteilsystem, welches in diesen Fällen sich trefflich bewährt
hatte, verloren, als daß sie die Teilnahme an ihren Organisationen,
wie den Gewerkvereinen und den von denselben ausgehenden
sozialen Bewegungen, wie der Achtstundenbewegung, preisgaben, in
der Überzeugung, daß sie eben ihre Macht, welche sie jetzt einigermaßen ebenbürtig dem Unternehmer gegenüberstellte, nur diesen
ihren Assoziationen zu verdanken hätten, und daß dieselben auch
dann, wenn das Anteilsystem infolge einer Grille des Unternehmers
oder infolge Übergang des Geschäftes an einen andern aufgehört
habe, ihnen den erforderlichen Schutz noch geradeso wie früher
würden zuteil werden lassen. So wie also die Verhältnisse heutzutage liegen, einem Arbeiterstande gegenüber, welcher trotzig auf
seine Macht pocht, die er in schwerem Kampfe dem Unternehmer
erst abgerungen hat, erscheinen, wie ein Fabrikant[3] sich so treffend
ausdrückt, Mittel wie die Gewinnbeteiligung in allzu großer homöo-
pathischer Verdünnung, als daß sie geeignet sein könnten, die
Feindschaft zwischen Unternehmer und Arbeiter mit einem Schlage
aus der Welt zu schaffen. Wenn einmal wirklich bessere Tage
kommen, auf die Zeit unserer heutigen sozialen Kämpfe wieder
friedlichere Stunden folgen sollten: ja dann, aber nicht zum Zweck,
solche Zustände erst zu schaffen, wird auch die Gewinnbeteiligung
in dem ihr zugemessenen Raume ihre segensreichen Wirkungen

[1] Böhmert, Nr. 2.
[2] Böhmert, Nr. 34.
[3] J. Wertheim in seinem an den Verein für Sozialpolitik erstatteten
Gutachten.

entfalten können, wird sie zu den Vorteilen, welche ihr mit den
oben besprochenen Lohnarten gemeinsam sind, noch den hinzufügen, daß zwei heutzutage erbittert einander gegenüberstehende
Gegner gemeinsam, von gleichem Interesse getrieben, auf die För-
derung des sie beschäftigenden Unternehmens und die Erhöhung
seiner Produktivkraft hinarbeiten; dann werden, um mit SCHMOLLER[1]
zu sprechen, unsere großen Unternehmungen herrschaftliche, gut
disziplinierte, autoritativ geleitete sein, daneben aber zugleich noch
einen genossenschaftlichen Charakter tragen. So aber, wie die Zustände in unserem Zeitalter bis heute sich gestaltet haben, können
wir nur zu dem Endergebnisse gelangen, daß durch Zeit- und
Stücklöhne in Verbindung mit einem System von Gratifikationen
genau dieselben Vorteile uns gesichert werden wie durch die
Gewinnbeteiligung.

Gewissermaßen als Anhang zu unserer bisherigen Darstellung
möchten wir am Schlusse derselben noch einige Worte über die
sog. Arbeitsgesellschaft, das industrial partnership, wie
sie die Engländer nennen, hinzufügen. Mit diesem Namen bezeichnet
man ein Verhältnis, wo die Arbeiter ihre festen Löhne, eventuell
daneben auch noch eine Gewinnquote erhalten, wo sie aber zugleich
durch den Kauf kleinerer Geschäftsanteile, in welche das Unternehmen nach seinem buchmäßigen Werte zerlegt wird, Mitbesitzer
desselben geworden sind und demnach als solche entsprechend der
Größe ihres Anteils am Geschäfte noch eine Dividende beziehen.
Man behandelt diese eigentümliche Geschäftsorganisation gewöhnlich
zugleich mit dem Anteilsystem; man findet in ihr nur eine höhere
Form der Gewinnbeteiligung, indem hier der Arbeiter in doppelter
Weise am Geschäftsgewinn beteiligt sei, einmal durch den Bonus
seiner Arbeit und dann noch durch die Dividende seines Kapitals.
Wir können jedoch dieser Art der Behandlung durchaus nicht
beistimmen. Denn es kann doch nicht von einer besonderen

---

[1] G. SCHMOLLER, Zur Sozial- und Gewerbepolitik der Gegenwart (Kap.:
Gewinnbeteiligung). Leipzig 1890.

Form der Gewinnbeteiligung die Rede sein, wenn der Arbeiter in
seiner Eigenschaft als Besitzer eines Anteilscheins ebenso wie jeder
beliebige andere Aktionär seine Dividende bezieht. Wir sehen
vielmehr in diesem industrial partnership durchaus nichts anderes
als eine Aktiengesellschaft, wo die Arbeiter veranlaßt worden sind,
ihre Ersparnisse in Aktien des sie beschäftigenden Unternehmens
anzulegen. Wir haben es hier mit einer besonderen Form der
Geschäftsorganisation, mit einer besonderen Unternehmungsart zu
thun, während die Gewinnbeteiligung uns nur eine Lohnart, eine
eigentümliche Art und Weise, die Arbeiter für ihre Mitwirkung
an der Produktion zu entschädigen, darstellt. Vielfach ist allerdings auch dieses neue Lohnsystem in den Unternehmungen, welche
die besondere Form der Arbeitsgesellschaft angenommen haben,
zur Anwendung gebracht worden, so daß der Arbeiter nicht nur
seinen festen Lohn erhält, sondern außerdem noch in doppelter
Weise am Geschäftsgewinn interessiert ist. Vielfach aber auch, so
in der Teppichfabrik von JOHN CROSSLEY & SONS, LIMITED, in
Halifax[1], der Dampfsägerei von STRÖMAN & LARSON in Gothen-
burg[2], Fälle, welche auch BÖHMERT in inkonsequenter Weise zur
Gewinnbeteiligung rechnet, ist dem Arbeiter das Recht gewährt,
Aktien zu erwerben, ohne daß er daneben noch am Unternehmergewinn beteiligt wäre, tritt also gerade hier in ganz evidenter Weise
hervor, wie verkehrt jener Standpunkt ist, die Arbeitsgesellschaft
in die Erörterungen über die Gewinnbeteiligung mit hereinzuziehen.

Jedoch wir wollen auch hier dieser an und für sich unrichtigen
Art der Behandlung folgen, die nun einmal allgemein üblich geworden ist, und uns zunächst fragen, weswegen man wohl so energisch,
namentlich wieder vonseiten ENGELs für die allgemeine Durchführung einer solchen Geschäftsorganisation eingetreten ist. Man
weist wieder auf jenen Übelstand hin, daß der Arbeiter unter den
heutigen Verhältnissen mit seinem Lohne abgefunden, von dem

[1] BÖHMERT, Nr. 7.
[2] BÖHMERT, Nr. 9.

— 54 —

unter seiner Hülfe hergestellten Produkt vollständig losgelöst und
so dem Unternehmen, in welchem er seinen Unterhalt erwirbt,
gänzlich entfremdet wird; man weist darauf hin, wie es doch
wünschenswert sei, daß diese einer gedeihlichen Entwicklung der
Produktion so schädliche Sachlage sich ändere, daß eine größere
Solidität und Interessengemeinschaft zwischen Arbeitgeber und
Arbeitnehmer sich herausbilde und der alte Gegensatz beider zu
einander verschwinde; man glaubt endlich, diesen Zweck durch
die Arbeitsgesellschaft in noch höherem Maße erreichen zu können
wie durch das Anteilsystem. Ist doch hier der Arbeiter durch
seine Doppeleigenschaft als Arbeiter und als Unternehmer aufs
allerengste mit dem wirtschaftlichen Erfolge des Geschäftes ver-
knüpft, scheint doch hier glücklich jenes schwierige Problem gelöst
zu sein, auch im großen fabrikmäßigen Betriebe den Arbeiter zum
Unternehmer zu machen, ohne an den Klippen zu stranden, an
welchen so oft die dasselbe Ziel verfolgenden Produktivgenossen-
schaften zugrunde gegangen sind. Während nämlich dort die
Schwierigkeit, das erforderliche Betriebs- und Anlagekapital zu
beschaffen, der Mangel eines erfahrenen und tüchtigen Dirigenten
sowie die Gefahr, der mächtigen Konkurrenz der Einzel- und
Gesellschaftsunternehmungen zu unterliegen, die meisten derartigen
Versuche scheitern lassen, hat hier die Arbeitsgesellschaft vor ihnen
den großen Vorteil voraus, daß die Unternehmung bereits seit
längerer Zeit besteht, der bisherige erprobte Dirigent, das nötige
Kapital und die Kundschaft schon vorhanden sind. In der That
läßt sich denn auch auf einige mit glücklichem Erfolge durch-
geführte Fälle hinweisen.

Aber so günstig auch hier die Ergebnisse gewesen sein
mögen, so treten uns anderseits wieder so schwere Bedenken entgegen, daß wir das Wort nicht scheuen, die Arbeitsgesellschaft
geradezu als ein Mißverhältnis zu bezeichnen. Denn einmal können
ja nur diejenigen Arbeiter, welche sich bereits im Besitze eines
kleinen Kapitals befinden, die Stellung eines Aktionärs erwerben,

während die andern, welche nicht in dieser glücklichen Lage sind, nach wie vor fremd und kalt dem Unternehmen gegenüberstehen, so daß der Interessengegensatz zwischen Arbeitgeber und Arbeitnehmer nicht nur nicht beseitigt, sondern sogar noch ein neuer zwischen Arbeitern und Arbeitern geschaffen wäre. Zwar ließe sich die Schwierigkeit, bei der Eigentumslosigkeit der Leute das erforderliche Kapital aufzubringen, dadurch beseitigen, daß man hierzu in den Unternehmungen, wo zugleich die Gewinnbeteiligung besteht, den als Bonus der Arbeit gewährten Gewinnanteil benützte oder mangels des Anteilsystems jährlich Abzüge vom Lohn machte, um allmählich den Betrag eines Anteils aufzubringen resp. eine dem Arbeiter zu diesem Zwecke vorgeschossene Summe zurückbezahlt zu erhalten. So wäre die Möglichkeit gegeben, alle Arbeiter zu Mitbesitzern zu machen. Aber eine derartige allgemeine, alle Arbeiter eines Unternehmens umfassende Organisation wäre doch wohl nur auf dem von vornherein als gänzlich verfehlt zu verwerfenden Wege des Zwanges zu erreichen; immer auch wird es eine große Anzahl Arbeiter geben, welche einem solchen sich widersetzen und diesem Projekte des Unternehmers mit dem größten Mißtrauen begegnen werden. Aber gerade hier erscheint uns das letztere, welches wir bei der Gewinnbeteiligung vielfach als eine Folge des geringen Bildungsgrades der Arbeiter haben tadeln müssen, durchaus berechtigt. Denn diese Einrichtung unterwirft den Arbeiter mit seinen Rentenbezügen völlig der wirtschaftlichen Unsicherheit, wie sie die schwankenden Konjunkturen, die Preisbewegungen auf dem Weltmarkte hervorrufen, wäre also ebenfalls nur durchzuführen innerhalb der so engen Grenzen, welche wir oben der Anwendbarkeit der Gewinnbeteiligung gezogen haben. Während aber dort mit dem Verzicht auf den erhofften Anteil in schlechten Jahren die Sache erledigt ist und der Arbeiter höchstens nur noch in guten Jahren einen Teil seines Gewinnanteils zu einem Reservefonds beizusteuern hat, muß hier selbstverständlich der Arbeiter, wo er Miteigentümer geworden ist, nötigenfalls mit seinem Kapitale

am Verlust partizipieren, geradeso wie auch der Aktionär mit dem
Nominalbetrag seiner Aktie für alle Verbindlichkeiten des Geschäftes
haftet. Neben der Aussicht auf hohe Verzinsung seiner Kapitalien
geht also immer die Gefahr großer Verluste, die Gefahr, daß der
Arbeiter sein sauer verdientes und mühevoll erspartes bischen Geld
infolge von Umständen, welche er nicht einmal zu beeinflussen
vermag, mit einem Schlage verliert. Ebensowenig wie der kleine
Kapitalist sein Vermögen in Industriepapieren, vielmehr in Staats-
obligationen anlegt, welche ihm zwar keine besonders große, aber
desto sicherere Rente versprechen, noch viel weniger darf der Arbeiter
sein kleines Besitztum dem Risiko einer gewerblichen Unternehmung anvertrauen.

Weiterhin ist aber bei der Arbeitsgesellschaft die Gefahr einer
Untergrabung der Autorität des Geschäftsleiters eine ganz immense.
Hier, wo der Arbeiter Miteigentümer geworden ist, unterliegt es
keinem Zweifel mehr, daß ihm ein gewisser Einfluß auf den Gang
des Unternehmens billigerweise eingeräumt werden muß, geradeso
wie auch dem Aktionär in gewissem Umfang eine solche Aufsicht
gestattet ist. Die Beanspruchung des Rechtes der Kontrolle, der
Einsichtnahme der Bücher u. dergl. erscheint hier als ganz selbstverständlich. Der Geschäftsherr hat also nicht mehr Untergebene,
sondern Miteigentümer sich gegenüber; er wirtschaftet zum Teile
mit dem Gelde derselben, seine Verantwortlichkeit ihnen gegenüber steigert sich, ihre Rechte mehren sich; kurz, seine für den
Gang des Unternehmens so bedeutsame und ausschlaggebende
Dispositionsbefugnis ist in verderbenbringender Weise eingeschränkt
und gebunden an die Mitwirkung irgend welcher Personen von
ganz geringem Bildungsgrade. Etwaige untüchtige Arbeiter, welche
Partner geworden sind, werden einen steten Hemmschuh bilden;
eine Entlassung derselben, welche sonst sofort vorgenommen würde,
ist jetzt mit den größten Schwierigkeiten verbunden; namentlich
bei schlechter Konjunktur, welche eine Kürzung der Arbeit und
Entlassung von Arbeitern erfordert, wird es schwer fallen, nun-

mehrige Geschäftsassociés außer Brot zu setzen. Anderseits werden aber auch wieder viele Arbeiter es schwer empfinden, an einen Arbeitgeber gebunden, ihrer Freizügigkeit beraubt und der Vorteile des freien Arbeitsmarktes verlustig gemacht zu sein. Endlich aber hat die Arbeitsgesellschaft noch den Nachteil einer möglichen Übervorteilung der Arbeiter durch zu hohe Berechnung des Kapitalwertes bei ihrer Gründung. ENGEL weist in seinem Vortrag «Arbeitsvertrag und Arbeitsgesellschaft» ganz richtig hierauf hin, wenn er sagt: «Gewiß werden eine Menge gewissenloser Unternehmer rasch bei der Hand sein, ihre auf schwachen Füßen stehenden oder ganz in verschleierter Insolvenz befindlichen Unternehmungen in Arbeitsgesellschaften zu transformieren; in andern Fällen werden Meinungsverschiedenheiten über den Wert der Fabriken vorhanden sein, welche die Transformation erschweren. Da muß der Staat helfend bei der Hand sein; er muß Regulierungskommissionen ins Leben rufen, die Transformation überwachen, die Arbeiter vor Ausbeutung, die Arbeitgeber vor Schädigung schützen, ungefähr so wie er es bei den agrarischen Ablösungen gethan hat». Ob aber ein solches Eingreifen des Staates in privatrechtliche Verhältnisse, durch welches ENGEL jenen offenbaren Mißstand beseitigt wissen will, wird gutgeheißen werden können, und ob es wird zweckmäßig sein, dürfte sich mehr als zweifelhaft erweisen. Hat doch, wie WEIGERT[1] dieser Stelle ENGELs gegenüber richtig hervorhebt, der Staat bei der Konzessionierung von Aktiengesellschaften seine Ohnmacht in dieser Beziehung gezeigt und in richtiger Erkenntnis seine Hand von ihnen weggezogen; ferner seien gewerbliche Verhältnisse weitaus verwickelter als agrarische; da könnten keine theoretischen Anschauungen, sondern nur das minutiöseste Eindringen in die Fäden des betreffenden Unternehmens helfen, welche kaum jemand außer dem eigentlichen Unternehmer durchschaue.

[1] Gutachten an den Verein für Sozialpolitik.

www.ingramcontent.com/pod-product-compliance
Lightning Source LLC
Chambersburg PA
CBHW021631270326
41931CB00008B/973